융합 인재가
세상을
이끈다

융합 인재가 세상을 이끈다

이화섭 지음

"1세기는 창조적 융통합형 사고를 요구한다!"

!정한 융합의 본질은 우리들의 사고력에서 출발한다.

래에 적응하여 살아남느냐, 도태하느냐의 문제는 순전히 체계적이
· 열린 사고를 지속적으로 시도하는 우리 자신의 노력에 달려 있다.

★★★
기술과 상상력의
융통합적 만남
★★★

★★★
창조적 인재의
성공전략
★★★

은땅

앞으로 우리가 살아가야 할 시대는 융합의 시대이다. 융합을 의미하는 컨버전스는 1870년대 말 MIT 대학의 네그로폰테 교수가 통신, 방송, 미디어 등의 결합을 예견함으로써 학계나 기업에서 검토되기 시작한 용어이다. 컨버전스는 1990년대를 거치면서 정보통신 산업 내에서는 '디지털 컨버전스'로 발전되었고 2000년대 초반 미국과 EU 등이 융합 기술에 대한 연구 개발에 투자를 확대한 이후 기술 융합 제품과 서비스 융합 형태로 발전하고 있다. 융합은 현실문제의 복잡성이 증대되어 한 가지 기술이나 솔루션으로는 해결하기 어려운 상황이 되면서 그 가치를 더해 가고 있다. 그러나 진정한 융합의 본질은 우리들의 사고력에서 출발한다. 세계는 급속하게 변화하고 끊임없이 진화해 나가고 있다. 시시각각 변화하는 미래에 적응하여 살아남느냐, 도태하느냐의 문제는 순전히 체계적이고 열린 사고를 지속적으로 시도하고자 하는 자신의 노력에 달려 있다.

그래서 이러한 변화의 가속화 속에서 우리는 세계를 어떻게 바라보아야 하고 그 속에서 무엇을 통찰할 것인지에 대한 해답을 끊임없이 찾아가는 과정에서 우리들의 삶을 우리가 원하는 대로 이끌어 나갈 수 있다. 다시 말해서 외부에서 벌어지는 현상에 대한 질문들의 진정한 해답을 자신 안에 항상 존재하고 있는 융통합적 사고 능력에 대한 확장력을 가지는 데에서 자신이 원하는 답을 찾을 수 있다는 뜻이다. 따라서 갈수록 빨라지는 세계의 변화에 신속히 적응하고 더불어 한발 더 자신의 인생을 발전하는 방향으로 나가기 위해서는 융통합적 사고를 하는 능력이 필수적이다.

융통합적 사고를 한다는 것은 외부에 흩어져 있는 지식들을 자신이 필요로 하는 용도에 따라 최대한 넓고 깊게 파고 들어가며 동시에 이질적인 정보들을 고정 관념이 없이 긍정적으로 흡수하여 새로운 경험과 함께 조합하여 자신이 이루고자 하는 분야에서 창조적 결과물을 지속적으로 생산해 내는 것이다. 다시 말해서 융통합적 사고를 통해 우리의 사고 체계를 근본적으로 변화시켜 창조적 인재로 거듭나게 함과 동시에 변화를 스스로 주도하는 실력을 갖추는 것이 자신의 목표를 달성하는 데 가장 확실한 방법이며 갈수록 변화의 속도가 빨라지고 우리들 삶의 질은 오히려 척박해지는 환경 속에서 생존하기 위한 유일한 길이다.

이러한 현실 속에서 우리들 스스로 내면의 변화를 지속적으로 확장시키지 못한다면 이미 앞서간 비범한 사람들의 생각을 통해서 만들어 놓은 시스템 안에서 암묵적인 생각의 지배를 당할 수밖에 없기 때문이다. 그러한 삶을 산다는 것이 좋다 나쁘다는 이분법적인 판단을 한다는 것은 사실상 시간낭비일 뿐이고 그보다는 조금 더 본질적인 문제에 대해서 접근하자면 이러한 암묵적 생각의 지배 시스템은 개인에게만 국한된 것이 아니라 사회 그리고 국가 발전에 지대한 영향을 준다는 것에 문제 의식을 가질 필요가 있다는 것이다.

이러한 현실을 극복하기 위해서 정부와 기업은 '창조' 능력을 갖춘 인재를 절실히 필요로 하지만 지금 우리들이 처한 현실은 변화를 주도하고 창조적 인재를 양성하기 위한 제대로 된 융통합교육을 할 수 있는 교육자들이 부족하고 무엇보다 안타까운 일은 우리 스스로가 융합적 사고가 무엇이고 그 중요성에 대해서 완전히 이해를 하지 못하는 것이 더욱 큰 문제이다.

의식적으로는 융합이라는 단어의 뜻을 이해하고 어떻게 해야 한다는 것을 이론적으로는 알고 있지만 실제로 대다수의 사람들은 융통합에 대한 깊은 내용까지는 완전히 이해를 하지 못하는 듯하다. 왜냐하면 융합은 문자로만 이해되고 책에서 표현한 그 자체만으로만 안다고 이야기할 그런 단순한 의미만 있는 것이 아니기 때문이다.

국가를 경영하는 정치인들이나 교육을 담당하는 학교에서조차도 이러한 근본적인 의미조차 완전하게 이해하지 못하기 때문에 변화의 흐름을 방관하고 낡은 교육과 정책을 계속 고수하고 있는 것이다.

모두가 융합의 본질을 이해하지 못한 것은 아니다. 본질을 이해한 소수의 정치가나 교육자들은 이러한 변화에 대응하고자 관련 부서를 신설한다거나 새로운 교수법을 연구하고 유능한 인재를 선발하여 새로운 정책적 성과를 만들고자 끊임없이 노력을 하고 있지만 이미 유효기간이 지나 버린 과거의 경험과 기술을 그대로 고수하고자 하는 맹목적인 세력의 저항에 부딪쳐 미래로 가는 그들의 지속적인 노력에 비해 성과가 그렇게 만족스럽지 못한 결과로 나타나는 것이 현실이다.

새로운 정책을 지속적으로 반대하고 저항하는 사람들 역시 미래를 어떻게 개척해야 하고 그러기 위해서는 어떠한 방법이 있는지를 의식적으로는 잘 알고 있지만 그 정책 혹은 계획을 통한 새로운 변화를 너무나 바라고 갈망하면서도 현실을 받아들이지 못하는 이유는 두려움 때문이다. 오랜 세월 동안 유지해 오던 낡은 사고방식과 습관을 버리고 새로운 도전을 한다는 의미는 자칫 잘못하면 지금까지 쌓아 왔던 자신만의 성과가 무너지지 않을까 하는 그 두려움 때문이고 그러한 심리적 병적증상으로 인해 스스로 '무지'의 병을 발병시킨 원인으로 작용하여 더 이상 앞으로 나아가려는 힘이 작용하지 않는 것이다.

어떤 식으로든 현재 상태를 유지하여 편하고 안전한 상태에 머물고 싶겠지만 그 안전한 상태는 오히려 더욱 심각하고 불행한 미래를 맞이할 수도 있다는 위기 상황을 정확하게 인식을 하지 못하는 것이 문제이다.

세계는 우리가 이해하고 있는 것보다 훨씬 빠른 성장과 변화를 하고 있는 현실에서 우리가 그 속도에 적응하기 위해서는 가장 먼저 우리 자신이 먼저 변해야 한다. 그중에서 가장 중요한 과정은 자신에 대해서 정확히 파악해야 한다. 나의 장단점을 가장 먼저 파악하고 그리고 내가 가장 잘할 수 있고 그 일을 통해서 훌륭한 성과를 일으킬 수 있는 확률이 가장 높은 일을 선택하고 그 일에 대한 최고의 성과를 내기 위한 필요한 지식과 경험을 통한 정보를 끊임없이 습득하고 동시에 또 다른 새로운 정보들을 지속적으로 생산하여야 한다.

이 글을 쓰고자 하는 목적도 하루가 다르게 변화하는 세계의 모든 분야에 빠르게 적응해 나가고 동시에 우리들의 생존과 목표를 이루기 위해서는 자신 안에 항상 존재하고 있던 낡고 편협한 사고를 지속적으로 폐기시켜야만이 통합적이고 넓은 사고가 가능해지고 이렇게 확장된 사고력을 통해 융통합형 창조적 인재가 될 수 있으며 우리들의 삶의 질이 풍요롭고 행복한 상태를 유지, 발전시킬 수 있는 능력이 생긴다는 이야기를 하고 싶었기 때문이다.

융합형창조적 인재가 되기 위해서는 다양한 학문과 직종간의 경계를 허물어 통합적으로 지식과 경험을 쌓고 습득된 정보들을 운용하기 위한 사고력을 스스로 계발하고 발전시켜야 한다. 다시 말해서 창조적 인재는 끊임없는 자신의 두뇌 리셋 훈련을 통해서 만들어진다는 뜻이다. 두뇌 리셋은 지속적으로 새로운 지식과 경험을 추구하고 습득하는 과정에서 창조적인 사고의 결과물을 생산하기 위한 두뇌의 공간을 확장시키는 행위이다.

위대한 성과를 이루어 낸 역사적 인물들의 공통점은 세상을 바라보는 관점이 통합적이고 포괄적인 사고를 통해 일어나는 외부의 현상에 대한 핵심을 꿰뚫어 보고 내면에 축적되어 있는 넓고 깊은 지식정보들을 이용하여 우리들이 미처 알지 못한 새로운 개념들을 만들어 내는 힘을 가지고 있었다. 반면 대부분의 평범한 사고를 하는 사람들은 당장의 생존에 필요한 짧은 지식과 지나치게 실용성만을 추구한 작은 기술에 대한 강한 집착을 한 결과로 사고의 큰 그림을 그리지 못한다. 그러한 결과로 자신의 일에 대한 성과를 내지 못하거나 미약한 성과를 만들어 낼 수밖에 없는 원인으로 작용한다.

그러한 사람들이 사고하는 공통점은 언제나 일의 주변부만 보고 그 안에 감추어진 본모습을 파악하지 못한 채 발생하는 순간적인 일들만을 해결하기 위해서 혼자 바쁘게 우왕좌왕하기만 한다. 당연히 목표한 성과는 물론이고 그 일을 완전하게 마무리하지 못할 수밖에 없는 것이다. 여기서 이야기하는 완전한 마무리는 지금 수행하고 있는 일에서 발생하는 문제점만을 해결하는 것이 마무리가 아니라 해결의 차원을 넘어 앞으로 일어날 문제점을 미리 예견하고 해결할 준비를 갖추는 작업을 언제나 하고 있는 실천이 바로 완전한 마무리이다.

그러한 문제 해결력을 가지기 위한 능력은 현재의 상황을 정확하게 보는 눈이 필요하다. 그 눈은 전체를 구체적으로 볼 수 있는 넓은 사고력을 갖추기 위한 지식과 경험을 할 기회를 스스로 박탈할 경우에는 생기지 않는다. 최고의 성과를 이룬다는 이야기는 완전한 문제해결 능력을 갖춘다는 의미이다. 문제를 해결한다는 의미 속에는 창조력이 기반하고 있으니 말이다.

창조적인 발상은 그 일이 생겨난 원인을 먼저 충분히 이해하는 것부터 출발한다. 사실상 일에 대한 원인만을 파악해도 일을 해결하는 데 절반의 성과를 이룬 것과 다름이 없다. 그 다음 순서가 일에 대한 창조적인 생각을 더하여 성과를 극대화하는 것이다. 성과의 극대화를 위한 창조적인 발상은 경계 없는 지식과 경험의 축적을 통해서 창조적 에너지가 생겨난다.

창조적인 사고를 통한 획기적인 성과를 이루기 위해서는 일에 대한 근원을 찾는 작업부터 시작해야 한다. 일의 근본을 이해해야만이 최고의 성과를 이룰 수 있는 다양한 방법들을 찾아 낼 수 있기 때문이다.

발생하는 모든 일들은 항상 변화를 일으키는 것이 세상이 돌아가는 기본 원칙이다. 변화한다는 것은 세계는 유기체처럼 끊임없이 현상을 만들어 내며 새로움을 향한 운동을 하려는 강한 힘을 가지고 있다는 뜻이다.

인류는 지금보다 더 나은 삶을 살기 위한 생존 욕망 때문에 끝없이 새로운 아이디어들을 창출해 내었고 그 아이디어를 실생활에 지속적으로 적용하면서 실패와 성공을 거듭해 가며 우리는 그렇게 발전하며 살아왔다. 생존을 위해서 말이다. 살아 남기 위한 생존을 위한 아이디어를 끊임없이 쏟아내어 만들어진 세계가 현재 우리가 살아가고 있는 세계의 모습이다.

그러나 모두가 우리들의 삶을 획기적으로 바꿀 수 있는 아이디어를 생산한 것은 아니었다. 특별한 사고력을 지닌 몇몇 사람만이 인류사에 길이 남을 성과를 만들어 냈을 뿐이다. 대다수의 사람들은 비범한 몇 명의 탁월한 성과에 얽매여 끊임없이 보이지 않는 그들이 만들어 놓은 사고의 지배를 받고 있다. 그러나 그 지배는 언제든지 우리가 탈출할 수 있는 지배이기도 하다. 엄밀하게 이야기하면 탁월한 사람들이 만들어 놓은 사고시스템에 굴복한 것이 아니라 스스로의 게으름과 태만에 항복했을 뿐이다. 과거처럼 강압적으로 타인의 사고를 통한 표현을 검열하고 통제하는 사회가 아니기 때문이다. 즉 현재 우리는 타인의 강압이 아닌 스스로 만들어 낸 고정관념의 지배를 받고 있다는 이야기이기도 하다.

탁월한 사람들은 생각이 매우 자유롭다. 그들은 오래된 생각과 습관들을 지속적으로 폐기하여 항상 새로운 생각과 경험으로 자신을 바꾸어 가며 끊임없이 앞으로 나아갔다. 우리들이 그들처럼 되지 못하는 이유는 과거의 습관과 생각에서 벗어나지 못하고 늘 살던 대로 살고 있기 때문이다. 그래서 이 세상은 소수의 탁월한 생각을 지속적으로 생산해 내는 사람들에 의해서 변화하고 발전된다.

탁월한 생각은 특별한 능력을 지녔거나 일부 천재성을 가진 사람들만이 하는 전유물이 아니다. 누구나 끊임없는 훈련을 통해서 할 수 있는 일이다. 그 훈련이란 융통합적으로 사고하는 습관을 지속적으로 유지, 발전시킨다면 누구나 탁월한 아이디어를 창조할 수 있는 창조적 인재가 될 수 있다. 그러한 탁월한 능력을 가진 사람 주위에는 항상 많은 사람들이 모여들기 마련이다. 왜냐하면 창조적 인재는 특별한 성과를 통해서 다양한 이익을 낼 수 있는 확실한 계획을 언제나 준비하고 있고 낡은 사회구조를 변화시킬 수 있는 획기적인 방법을 항상 연구하고 있기 때문이다.

독창적인 사고를 하는 사람들의 두뇌 속은 새로운 일을 도전하기 위한 계획도를 항상 그리고 동시에 그 일을 실행하기 위한 세부적인 사항을 항상 준비하고 있다. 최고의 성과를 내기 위한 준비사항 속에는 누구에게 일을 맡겨야 자신이 기획한 일이 성과를 낼 수 있는지 적합한 인재를 찾는 일도 포함되어 있다.

탁월한 사람에게 선택받은 사람은 적절한 보수와 독창성을 학습할 수 있는 배움의 기회를 동시에 가질 수 있기 때문에 창조적인 사람들의 주변에는 언제나 사람이 있을 수밖에 없다. 선택된 사람 중에도 2가지 부류가 있다. 시키는 일만을 반복적으로 수행하든가 아니면 탁월한 사람들의 사고하는 습관을 적극적으로 배워 자신 역시 창조적 인재가 되어 특별한 일을 기획하여 커다란 성공의 길을 가겠다는 결심을 스스로 선택하고 실행하는 길을 걷는 사람일 뿐이다.

첫 번째 부류의 사람 같이 맡겨진 일만 수동적으로 반복하는 사람들은 창조와는 거리가 멀다. 독창적이지 못한 사람들은 누구도 생각해 내지 못한 기발한 아이디어를 생산할 수도 없거니와 큰 성과는 더더욱 이룰 수 없다. 그러한 사람들은 언제든지 사회에서 도태될 수 있는 위험성을 늘 안고 살 수밖에 없다. 왜냐하면 반복적으로 늘 하던 대로 일을 하는 사람들은 언제나 대체 가능하기 때문이다. 두 번째 부류의 사람들은 특별한 사고 습관을 가진 비범한 사람들을 세밀하게 관찰하고 동시에 융통합적인 지식정보를 습득하며 자신에게 주어진 대부분의 시간을 창조적인 성과를 위한 사고작업에 몰입한다. 그러한 새로운 습관을 훈련한 사람들의 최초의 작업은 추구하는 일에 대한 목표의 기준을 현재 하고 있는 일에서부터 출발하여 최종의 목표를 자신이 현재 가지고 있는 능력보다 더 높게 상향조절하여 출발한다.

목표를 상향조절을 하는 이유는 지금 하고 있는 일이 가장 익숙하고 잘할 수 있는 가능성이 높음과 동시에 자신의 일에 대해서 모든 것을 안다는 교만함이 일어날 확률이 있기 때문이다. 더불어 자신이 현재 하고 있는 일에 대해서 창조적인 역량을 발휘하기 위해서는 그 일에 대한 무한한 자부심과 자신에 대한 무한한 신뢰가 있어야만이 창조적 성과를 이룰 수 있다는 조건 역시 필요하다.

어떠한 인생을 살 것인가에 대한 선택은 우리 자신의 몫이다. 융통합형 창조적 인재가 된다는 결심과 실천을 위해서는 작게는 나 자신부터 내가 속한 조직, 국가, 더 나아가서 세계가 움직이는 원리를 진심으로 이해할 필요가 있다. 그 이유는 세상에서 이루어지는 모든 일들의 대부분은 겹겹이 포장되어 있는 선물 상자처럼 다양한 형태로 우리들 앞에 존재하기 때문이다. 많은 사람들은 상자 속의 내용물에는 관심을 가지지 않고 화려한 포장지만을 보고 모두 그 속에 무엇이 들었는지 알겠다는 착각을 하지만 지금 우리 앞에 벌어지는 현상의 결과는 그렇게 단순한 이유만으로 발생하지 않기 때문이다. 발생하는 모든 현상은 철저하게 인과의 법칙을 가지고 표현하였고 그 표현의 마지막 단계의 그 결과물만을 상자 속에 보관되기 때문이다.

수많은 사람들이 자신의 일에서 성장을 하지 못하고 탁월한 성과를 이루지 못하는 이유도 겉모습에만 집착하는 '우'를 범하기 때문이다. 사실상 형식과 형태는 그렇게 중요하지 않다. 왜냐하면 이미 만들어진 형식과 형태는 곧 사라지거나 변형될 준비를 이미 하고 있기 때문이다. 우리는 최종의 결과물의 탄생원형을 깨닫는 사고의 실천을 통해서 다음의 창조적인 결과물을 위한 연속된 사유를 할 뿐이다.

우리들이 삶을 살아가는 동안에 어처구니없는 선택을 빈번히 하게 되는 가장 큰 이유는 우리들이 세상을 보는 태도와 방법에 문제가 있기 때문이다. 그러나 창조적 사고를 가진 사람들은 일의 겉모습을 초월하여 그러한 현상이 만들어진 일의 본모습에 초점을 맞춘다. 다시 말해서 왜 이 일이 발생하였는가에 대한 궁금증을 풀기 위한 깊은 생각을 하는 과정에서 발생한 일에 대한 본모습을 명확하게 파악할 수 있었고 동시에 이러한 현상 혹은 일이 출현하기 위한 이면 속을 깊이 이해하며 그 일이 일어난 근본적인 이유를 통찰할 수 있었다. 그 이유의 완전한 파악을 통해서 또 다른 창조적인 현상을 만들기 위한 아이디어가 생겨나는 것이다. 그래서 창조적인 사람들은 어떠한 현상의 형태 속에 자리잡고 있는 근본에 집중을 한다.

근본을 이해하게 되면 일에 대한 깊은 이해를 넘어서 새로운 콘텐츠들을 지속적으로 창조할 수 있는 능력이 저절로 생기게 되는 것이다. 자신의 일에 대한 깊은 이해를 하고 당면한 일에 대한 성과를 만들어 낸 결과의 크기에 따라 가정과 국가 그리고 세계가 하나의 근본에 의해서 새로운 형태의 다양한 일들이 서로 꼬리를 물며 연이어 파생되어 가며 서로 상호영향을 주며 이어진다는 것을 이해할 수 있다. 즉 창조적인 생각들의 상호협력을 통해서 세계가 발전해 나가는 것이 근본 이치임을 알수 있다는 뜻이다. 창조성은 그러한 이치를 이해하고 습득된 지식과 경험을 바탕으로 끊임없이 또 다른 세계의 모습을 만들기 위한 사고의 확장을 통해서 발현되는 것이다. 근본을 이해하기 위해서는 나자신의 이해가 가장 먼저 선행되어야 한다.

지식정보의 융합은 새로운 세계를 만들어 낼 수 있는 기본재료이다. 융통합을 한다는 것은 다양한 지식 혹은 정보에 대한 넓은 관용성을 가진다는 의미이며 특정한 지식을 편식하지 않음을 의미이다. 또한 지식과 정보에 대한 관점이 넓고 깊어야 하며 특정한 지식과 정보에 대한 고정관념을 지속적으로 없애야 한다는 의미이기도 하다.

융통섭적인 사고를 바탕으로 한 지식의 활용을 통해서만이 지식정보를 올바르게 습득했다고 할 수 있으며 그러한 사고 훈련 축적의 양에 따라 지식과 정보 활용능력이 올라가며 동시에 창조적인 능력을 발휘하기 위한 강한 힘이 생긴다.

우리가 알고자 하는 정보 습득의 첫단계는 1차적 인식조차 하지 못했다는 것을 내면 속에 분명히 알려 주는 정보의 실천과 함께 출발해야만 하며 그러한 과정이 분명히 포함되어야만이 자신이 진정 모른다는 사실을 스스로 자각할 수 있다. 왜냐하면 어디선가 본 듯한 정보가 우리는 알고 있다는 착각을 일으켜 자신도 모르게 지적 교만에 빠질 확률이 있기 때문이다. 그러한 내면에서부터의 시도 속에서 지식정보를 분명하게 인식하려는 의지가 발현되는 상태가 진정한 앎의 출발이다. 진정한 앎을 통해서 지식정보를 다양한 관점에서 볼 수 있고 동시에 '사고의 관용성'이 생긴다.

창조성은 이렇게 융통섭적이고 통합적인 시각으로 세계를 바라보고 그 속에 숨어 있는 실질적인 모습들을 보고자 하는 의식의 전환을 통해 생겨난다. 창조적 인재가 된다는 것은 새로운 지식 혹은 정보를 이용하여 내면에서 진정한 자신과 만나기 위한 설레임을 자극하기 위한 필수 도구이며 동시에 기존에 알고 있던 정보와 지식을 융합하여 지속적인 자신의 내면여행을 하기 위한 호기심이 요구될 뿐이다.

창조적인 인재는 이질적인 정보와 지식 속에 또 다른 스토리를 찾아 서로 연결하여 누구도 상상하지 못했던 결과물을 발견해 내는 탐험가들이다. 창조적인 사고력은 지금 자신이 하고 있는 일과 자신에 대한 무한한 신뢰를 바탕으로 지속적으로 실천하는 가운데 그 능력이 성장함을 우리는 이론적으로는 모두 이해하고 있지만 실질적인 실천이 없이는 이해했다고 볼 수 없다.

우리에게 주어진 과제를 통해서 다양한 정보와 지식을 서로 통합하고 새로운 상호 연관성을 발견하여 자신의 업무와 연결을 하려는 사유의 시도를 통해서 지금 내가 수행하는 일의 다른 면을 발견하게 되며 그러한 작은 발견의 결과물이 쌓여 가는 과정에서 남다른 성과를 이루어 내는 창조력을 가지게 될 것이다.

각종 매체들의 보도에 따르면 지금 이 시대에 존재하는 직업의 50%는 사라질 것이라고 예측한 기사를 보도하고 있다. 아마도 사라지는 직종의 대부분은 두뇌를 전혀 사용하지 않거나 제한적으로 사용하는 기능적인 일을 무한반복하는 그러한 종류의 직업들이 사라지고 그 자리는 인공지능이 대체될지도 모른다.

이미 예견되어 있는 이러한 시대적 변화에 대응하는 길은 자신의 사고 패턴을 빠르게 변화하는 세계를 통합적으로 이해하려는 사고력으로 변화할 수 있는 훈련을 지속하는 것이다. 그러한 능력을 갖추는 유일한 방법은 통섭적이고 융합적 사고를 하는 실천과 함께 통합적으로 현상을 이해하려는 훈련을 지속할 필요가 있다. 만약 우리가 과거와 변함 없이 같은 사고습관을 가지고 계속 같은 방법으로 일을 처리해 나간다면 얼마 지나지 않아 커다란 재앙을 만나게 될 확률이 높다. 그러한 재앙을 만나지 않기 위해서는 우리가 현재 살아가고 있는 세계변화의 흐름을 지속적으로 관찰한 결과를 통해서 얻어진 지식과 정보를 자신이 목표한 일에 즉시 적용하는 습관이 필요하다.

사유한 결과를 자신이 하고자 하는 일에 지속적으로 적용하려는 과정은 반드시 통과해야 하고 만약 그러한 경험을 하고 싶지 않아 과거의 과정을 되풀이하는 업무처리 습관은 필연적으로 실패할 수밖에 없다. 최상의 성과는 수많은 창조적인 시행착오를 통해서 얻어지기 때문이다. 창조적인 시행착오의 결과는 자신의 부족한 면을 지속적으로 교정해 주는 교사가 되며 그러한 무언의 가르침을 통해서 창조능력이 계발이 된다. 즉 경계가 없는 다양한 지식정보를 습득하고 그 정보들을 도구 삼아 내면에서 융합과 통섭하는 사고 훈련을 습관화할 때 세계가 필요로 하는 창조적인 인재로 거듭나 큰 성공을 이룬 자신의 모습과 만나게 될 것이다.

목차

서문   5

Chapter 1 무엇이 융합인가?

융합과 창조적 사고의 관계   24

인식의 확장과 융합   35

미래사회는 융합 인재가 세계를 주도한다   40

융합은 새로운 패러다임을 창조한다   44

새로운 것을 찾고 조합하라   48

창조의 원리는 융합에 있다   55

융합은 개인 혁신을 이루는 힘이다   59

창조적 융합과 생존의 관계   63

상상력의 실체   70

Chapter 2 창조적 인재가 되기 위한 조건

신문화 창조와 융합   76

21세기가 요구하는 사람들   82

융합, 전략, 전술적 사고 그리고 창조   88

융합과 디지털 그리고 기술진화와의 관계   94

디지털 시대는 퓨전의 시대이다 102

융통합적 사고와 창조적 진화 107

디지털 시대가 요구하는 창조력 111

융통합은 입체적인 시각으로 보는 것이다 116

디지털 시대의 창조적 노동자 121

융통합적 사고는 경험의 축적 속에서 발현된다 127

Chapter 3 기술과 상상력의 융통합적 만남

융통합적 사고를 통한 신지식의 생산 132

사고의 확장과 삶의 성공 관계 137

문화콘텐츠를 창조한다는 의미는 무엇인가? 142

지식 창조와 기술문화의 관계 147

융통합적 사고의 습관은 두뇌를 새롭게 프로그래밍 한다 152

융통합은 창조의 준비과정이다 156

폭넓은 지적 인프라를 통한 통합적 사고 160

창조적 사고와 직업 활동의 관계 164

융통합적 사고는 자신을 탁월하게 만든다 168

Chapter 4 창조력과 융통합적 사고의 상관관계

융통합적 사고와 창조능력 172

창조력의 발휘 176

지적 네트워크의 형성 179

디지털 시대의 지적 네트워킹 오류 182

지식정보의 상호융합 187

내면 텍스트 만들기 190

창조력의 키워드 193

융통합적 사고와 창조 그리고 성장 197

생각의 지속적인 통합 201

Chapter 5 창조적 인재의 성공전략

창조적 인재의 성공역학 이해 206

창조력과 통찰력 210

융통합적 사고 213

융통합적 사고 훈련 218

나의 내면세계 여행 222

발상의 전환 226

창조적 기획과 완전한 성공 229

조각난 정보의 융합 233

빅데이터 사전 활용 236

결말 - 에필로그 242

Chapter 1

무엇이 융합인가?

융합과 창조적 사고의 관계

융합이란 무엇인가? 좁고 편협한 지식만을 가지고 오랫동안 단순 반복적인 일을 수행했던 삶을 경험한 시간만 많이 축적되어 있는데도 불구하고 수많은 경험과 지적 역량이 자신 안에 융합되어 녹아 있다는 출처를 알 수 없는 높은 자존감을 가지고 자신이 웅장한 결과물을 만들어 낼 수 있다는 지극히 자기 중심적인 착각을 융합적 사고를 하고 있다고 우리는 자신 있게 타인에게 말하고 있는 것은 아닌가? 아니면 정부나 기업이 국가 혹은 기업의 발전을 이룩하는 데 필요한 분야들을 통합하고 유사한 조직끼리 통폐합만 하여 효율적인 조직운영을 하기 위한다는 그럴 듯한 논리만을 앞세워 간판만을 교체한 것이 융합인가? 이러한 겉모습뿐인 융합은 겉만 뚜렷한 목적과 체계적인 계획 없이 단순히 우리들의 눈에만 비춰지는 조직의 겉모습만을 통폐합하여 헛된 꿈을 꾸도록 유도하는 결과를 낳는 겉포장만 외부에 보여 주는 그 이상이 아니다.

이러한 융통합을 위한 시도는 미래를 위한 준비가 전혀 되지 않고 획기적이지 않는 새로운 정책 전략 간판만을 자동생산되는 결과를 맞이하는 것은 융합이 아니다. 우리는 그 점에 대해서 깊이 생각을 해 볼 필요가 있다. 우리들은 제대로 이해를 하지 못한 융합이라는 단어를 유행어처럼 사용하고 잘못된 방향으로 실행을 하고 있는 것을 우리 모두 깊이 인식하지 못하고 겉모습만 융합적 사고를 해야 한다는 구호만을 외치고 있다.

중요한 것은 우리는 과거부터 융합을 하고 살아왔는데 새삼스럽게 '융합'이라는 단어가 마치 우리가 생존하기 위한 유일한 필수 능력을 상징하는 신조어처럼 여기저기에서 떠들어 대는 것은 이상한 일이다. 우리들이 항상 융합과 통섭하는 삶을 살아왔다는 증거는 우리들의 지금 살고 있는 일상에서 존재한다. 지금 우리들이 생존해 있고 더불어 문명의 발전을 이루고 다양한 콘텐츠 속에서 편리한 삶을 영위하고 그리고 더욱 기발한 삶의 도구들이 만들어지고 사용한다는 그 자체가 융합적이고 창조적인 사고 없이는 불가능하기 때문이다.

융합은 우리들이 모두 가지고 있는 사고능력을 더 넓고 깊게 지속적으로 전환하라는 의미 이지 우리가 원래 융합하는 사유 능력이 없는데 단순한 교육과 홍보를 통해서 없는 능력이 만들어지기 위한 노력을 해야 한다는 그러한 뜻이 담긴 단어는 아니다. 그러한 헛된 노력으로 많은 사람들은 오히려 발생하는 현상의 해석을 겉모습만을 보고 편협한 관점에서 대상을 파악하게 되고 세계를 바라보는 시야가 더욱 좁아졌으며 다양한 정보를 융합해야 한다는 진정한 의미는 이해하지 못한 채 겉에 드러난 뜻만을 이해하고 육안으로만 현상을 바라보고 누구나 알 수 있는 정보를 가지고 판단한 것을 가지고 그 현상을 이해했다는 더 큰 착각을 일으킨다.

우리들이 사물 또는 현상을 다각도로 보지 않고 겉으로만 보여지는 단순한 사실만을 보고 판단을 하는 가장 큰 원인은 자신이 좁은 사고를 하고 있다는 사실을 인식하지 못하기 때문이다. 현상에 대한 판단을 자신이 개인적으로 경험했던 정보와 지식을 통해서만 사물의 현상을 이해하려는 지극히 제한적인 사고에서 비롯된 객관적이지 않고 감정적인 결정으로 인해서 오류판단이 생겨나는 것이다. 독단적이고 자기중심적인 사고를 통해서는 연속적으로 발생하는 다양한 사건들의 진짜 모습을 우리들은 정확하게 볼 수가 없다.

우리들이 매일 경험하고 있는 삶의 흐름을 어떠한 관점으로 보고 인식하는가에 따라 개인의 삶은 변화한다. 위인전에 등장하는 뛰어난 업적을 남긴 인물들의 공통적인 사고 방법은 현상을 바라보는 시각이 매우 통합적인 가운데 인식된 정보와 지식을 자기 것으로 체화시키려는 열정이 많으며 적재적소에 활용하는 뛰어난 지식정보 활용력을 가지고 있었기에 그렇게 인류발전에 커다란 업적을 이루었다. 그들이 그러한 업적을 이루었던 가장 핵심적인 요소는 바로 남다른 '사고력'을 통해서 이해하게 된 지식 혹은 정보를 지속적으로 적용해 보는 실천력 때문이었을 것이라고 생각한다. 그들이 창조적인 사고력을 가지게 된 배경에는 지식과 정보의 경계를 두지 않고 통섭하는 학습 습관에서 자연스럽게 자리 잡았다.

즉 그들은 습득된 지식과 정보를 가지고 서로 조합하고 연결을 하여 새로운 지식을 창출하는 놀이를 매일매일 스스로 즐겼기 때문이다. 또한 그들은 통섭적인 사고를 통해 내면 속에 뭉쳐진 지식의 활용가치를 더욱 높이는 유일한 방법은 뭉쳐진 정보를 깊은 사유를 통해서 지속적으로 변환시켜야 한다는 단순한 사실을 잘 알고 있었다. 즉 자신의 내면 속에 축적되어 있는 정보의 양에 비례하여 자신이 목표한 일에 대한 더 깊고 넓은 면을 볼 수 있고 창조적인 발상을 자연스럽게 한다는 깨달음과 함께 지속적인 실천을 하였던 것이다.

창조적인 사고력을 갖는다는 것은 지식정보를 단순 암기한다고 생기는 능력이 아니라 습득된 지식을 통합하고 운영하는 능력과 함께 유연한 시각으로 사물을 관찰하고 적용하며 실험하는 과정에서 창조력은 생겨난다.

따라서 21세기가 요구하는 인재는 융통합형 사고력과 함께 창조적 발상력을 가진 인재를 필요로 하며 그러한 창조적 사고능력은 가슴속에 뚜렷한 목표와 비전을 가지고 있어야 하며 자신과 자신의 일에 대한 뚜렷한 신념 그리고 믿음과 함께 통합적인 사고를 하려는 실행력을 가지고 있어야만 창조력은 발현된다. 그러한 강한 실행력을 가진 사람들의 생각들이 지속적으로 세계에 표현되어 지금 우리가 살고 있는 세계의 모습을 만들어 내었다.

즉 과거부터 지금까지 연결되어진 작고 사소한 문화콘텐츠가 축적되어 이루어진 현대 문명의 모습의 실상은 탁월한 창조력을 가진 사람들이 습득한 통합적인 지식정보의 활용과 함께 현실에 무수히 적용하는 가운데 발생하는 시행착오를 극복한 결과물이다.

우리가 배운다는 진정한 의미는 내면의 사고능력을 지속적으로 확장하기 위함이며 지식정보는 우리의 잠재성을 깨우기 위한 필수도구일 뿐이다. 따라서 그 도구의 종류가 여러가지가 아니라 끝없는 물줄기처럼 넓고 커다란 한 줄기일 뿐이다. 즉 세상에 존재하는 모든 지식은 깊고 넓은 뿌리에서 연결되었을 뿐이고 그 뿌리에서 연상된 무수한 창조의 줄기에 이름을 붙여 우리들이 편의상 수학, 과학, 역사처럼 과목의 이름을 지어 서로 구분을 지었을 뿐이다.

세상에 널리 퍼져 있는 지식을 활용하여 새로운 것을 창조하기 위해서는 모든 지식은 하나의 뿌리에서 연결되었다는 개념을 먼저 인식을 해야 될 것이다. 지식에 이름 붙인 과목은 일체가 하나라는 인식의 전환을 하여야만이 우리가 강한 몰입을 할 수 있는 동기를 가지게 된다. 사실 대부분의 사람들은 편의상 구분한 지식에 대한 다양한 과목 이름에서 연상된 '문자의 양과 질'만을 연상하여 낯설은 지식을 습득하려는 의욕이 상실되기도 한다. 그래서 우리는 세상에 존재하는 지식은 그저 커다란 1과목일 뿐이며 오로지 그것만을 평생 배운다는 생각만을 가지고 지식정보를 직면하는 것이 창조적 작업에 몰입할 수 있는 동기를 가질 수 있다. 세상의 모든 것이 하나인 것은 사실이니 말이다.

우리 모두 아는 이야기이지만 분산된 정신의 힘을 가지고는 목표를 이룰 수 있는 강한 응집력을 만들어 낼 수 없다. 당연한 이야기이겠지만 말이다. 세상에 발표되어진 모든 지식들은 과목의 이름이 처음부터 정해져 우리들에게 알려주기는 하지만 그 이름 뒤에 보이지 않는 개념을 이해하기 위한 호기심을 한번쯤 유발하였고 지금까지 우리가 무의식적인 경험을 하였지만 그 행위 속 알려지지 않은 이야기들을 누군가가 개념화하여 모두에게 기억되게 하기 위해서 적합한 이름을 지었을 뿐이라는 심플한 생각에서부터 출발을 하면 새로운 지식을 대하는 심적 부담감을 줄일 수 있고 오롯이 집중할 수 있는 구동력이 생길 것이다. 동시에 목표에 대한 구체적인 마스터 플랜까지 스스로 세우는 실천력까지 가졌을 때 우리는 창조적인 일을 할 수 있는 능력을 갖게 되고 그때부터 진정한 몰입이 시작되는 것이다. 그러한 지속적인 실천력이 없이는 어느 것도 성취할 수가 없는 것이 자명한 진리이다.

그래서 우리가 무엇인가를 성취하기 위해서는 자신의 목표와 관련된 과제만을 오롯이 생각할 수 있는 시간을 자신에게 지속적으로 투자하는 것이 필요하다. 역사적으로 상대성 이론을 발견한 아인슈타인, 만유 인력을 발견한 뉴턴, 최근에는 애플의 창업자 스티브잡스 역시 자신만의 시간을 지속적으로 투자하여 혁신기술과 이론을 창조하는 성과를 이루었다. 지금까지 다양한 분야에서 세계에 지대한 영향을 끼친 인물들은 공통적으로 고독의 시간을 즐기며 보냈던 사람들이었다. 인류사에 획기적인 업적을 이룬 사람들의 두뇌는 태어나면서 천재가 아니라 평범한 자신의 두뇌를 특별하게 만드는 기술을 습득했던 사람들이었다.

국가를 유지하기 위해서 꼭 필요한 기관, 예를 들어 기업이나 정부, 학교 같은 곳에서 가장 많이 쓰이는 단어 중에 하나는 '혁신'이다. 혁신은 정치, 경제, 사회 모든 분야가 요구하는 수준 이상으로 개인의 능력을 확대하여 공동체에 쓰여지기를 절실히 홍보하고 있다. 특히 기업들은 더욱더 혁신을 부르짖는다. 다른 분야들도 모두 중요한 조직이지만 기업이 혁신을 더욱 강조하는 이유는 우리들의 삶에서 경제는 필수 요소이기 때문이다. 즉 기업은 우리사회의 경제를 담당하는 핵심 조직이며 그 조직이 성장하기 위해서는 세계변화의 최전방에서 총성 없는 전쟁을 치뤄야 하는 막중한 책임이 있고 그 전쟁에서 승리하기 위해서는 그들 자신을 먼저 혁신하는 것이 생존을 위한 최선의 방법임을 누구보다 잘 알기 때문이다.

우리들은 이슬을 먹고사는 존재들이 아니고 또한 의식주 충족만으로 만족되어지는 그러한 단순체가 아닌 복합적인 욕구를 추구하고 이성적 계산을 하는 존재들이기에 안정적인 경제력과 함께 또 다른 욕구를 채우기 위한 도구를 찾고자 하는 욕망을 통해서 삶을 이어가는 존재들이다. 그래서 경제는 단순하게 의식주만 해결하기 위해서 탄생된 분야가 아니고 우리들의 삶을 살아가는 과정에서 필연적으로 발생하는 새로운 변화에 대한 적응과 극복을 위한 기본적인 힘을 가지기 위해서 경제는 핵심적인 역할을 한다. 즉 우리들 내면 속에 존재하는 복잡한 욕망을 해소하기 위한 기초체력은 경제활동에서 축적되며 기업은 그 활동 무대를 만들어 주는 조직이다. 따라서 기업이라는 단어 속에는 수많은 사람들의 다양한 욕망과 함께 할 수밖에 없기 때문에 기업의 발전을 위한 혁신은 유기체처럼 진화될 수밖에 없는 분야이다. 그래서 우리들이 안정적인 경제활동을 위해서 기업은 존재할 수밖에 없고 동시에 우리는 기업조직과 함께 상호협력을 통해서 필요한 재화를 공급하기도 하고 받기도 하는 활동자체가 공동체에서 우리들이 소통하고 있는 가장 오래된 방법이다. 그 소통의 확산을 위해서 기업은 그 힘을 유지하고 발전하기 위한 능력을 계발하는 것이다. 그래서 기업과 우리는 상호 협력 관계인 것이다. 그래서 기업을 포함한 모든 분야에 종사하는 사람들은 자신과 끊임없이 발전적인 소통을 하는 창조적 혁신능력을 가진 사람들을 절실히 필요로 한다. 그러나 창조적인 혁신능력을 가진 사람은 항상 소수임이 안타까울 뿐이다.

세계가 빠르게 변화하고 있다는 사실에 대한 1차적인 인식을 분명하게 하는 것이 가장 중요하다. 그러한 정확한 이해를 통해서 창조적인 사고가 발현할 준비를 우리 스스로 할 수 있는 힘이 생기며 동시에 지식정보를 이용하여 세계의 변화에 대한 본질을 구체적인 학습을 통해서 인식을 확장하고 외부로 적극적으로 표현하는 과정에서 창조 능력은 지속적으로 발휘된다. 그러한 창조적인 사고의 힘을 가진 사람들에 의해서 세계는 변화가 되어 왔고 앞으로도 그렇게 될 것이다.

우리의 문명은 앞으로도 탁월한 창조력을 가진 누군가에 의해서 계속 변화될 것이며 그들은 그 준비를 지속적으로 할 것이다. 변화는 단순히 어느 한 사람만으로는 혁신적인 변화는 일어나지 않고 되도록이면 많은 사람이 자신의 능력을 초월한 사유를 통한 새로운 개념이 지속적으로 생산되어 기존의 패러다임을 차츰 교체하는 과정이 이것이 진정한 변화이다. 그 과정에서 개인의 창조능력 향상이 일어난다. 즉 개인의 역량은 타인과 상호영향을 주는 가운데 생겨 난다.

창조적인 능력의 발현은 개인이 가지고 있는 역량을 '무(無)'를 향해서 스스로를 확장시키는 연속성과 함께 내면에서 대응하는 고정관념과의 충돌을 기꺼이 받아들이는 진정한 용기 속에서 우리는 세계가 요구하는 사람으로 성장을 할 수 있는 것이다. 그러한 사람들이 세계에 긍정적인 변화를 일으키는 사람이 되고 그것이 세계가 우리들에게 요구하는 암묵적인 조건이다. 그러한 사람이 되기 위한 가장 기본적으로 갖추어야 할 내면의 습관은 경계 없는 다양한 지식들을 융합하고 통섭적인 사고를 하는 지속적인 실천을 통해서 기존의 낡은 틀을 깨고 새로운 분야를 개척할 수 있는 힘을 기르는 것이다. 그러한 능력을 가져야만이 외부에서 우리들에게 영향을 주는 어떠한 현상들도 객관적으로 바라보는 통찰력이 생기며 문제의 본질을 꿰뚫어 봄과 동시에 보여지는 현상에 대한 문제점을 해결하고 새로운 결과물을 창출해 낼 수가 있다.

지식과 정보는 수시로 다른 모습으로 변화되는 속성을 가지고 있다. 그 변화의 속성을 이해해야만이 지속적인 정보의 습득을 통해서 우리들의 창조능력을 발전시키기 위한 재료로 사용할 수 있다. 이러한 지식정보 도구를 적극적으로 활용하는 부지런함이 창조성을 발휘하기 위한 또 하나의 조건이다.

지식을 습득하기 위해서 학교에 진학하여 관련학문에 대한 학위를 취득하는 방법도 있겠지만 그것은 물리적으로 한계가 있다. 앞으로 우리들이 살아가야 할 세상은 하나의 직장에서 평생을 보낸다는 개념은 없다. 학교 졸업 후 27~30세부터 사회생활을 시작하여 65세에 은퇴를 한다고 가정했을 때 평균 6번 정도의 이직을 할 것이라는 추측을 할 수 있다. 왜 냐하면 산업생태계의 급격한 변화로 인해서 특정한 기술이 과거에는 평 균 100년간의 시간이 기술이 발전하는 기간이 필요했지만 그러나 지금은 과거에는 비교도 되지 않을 만큼 기술 변화의 속도가 빨라졌기 때문이다. 하나의 기술이 과거에는 100년에 걸쳐 발전을 하였다면 지금은 평균 10년 주기보다 더 빠르게 기술 진화 속도가 갈수록 빨라지고 있다. 따라서 우 리는 좋든 싫든 새로운 정보들을 지속적으로 습득하지 않으면 안 되는 세 상을 살아가고 있다. 자연히 관련 산업 역시 생존하기 위해서 변화의 주 기를 더욱 단축시킬 수밖에 없다. 이 과정에서 사람들은 잦은 이직을 할 수밖에 없다. 더 이상 사회에서는 단순한 기술의 익숙함을 원하지 않고 익숙한 기술에서 다시 출발하여 다른 기술을 축적함을 요구하고 있기 때 문이다. 다시 말해서 변화되는 새로운 기술프로세스에 지속적인 적응과 함께 더 많은 실적을 요구하기 때문이다. 이러한 조건에 적응이 힘들거나 그 역량이 부족한 사람은 다른 일을 찾을 수 있는 가능성이 희박하다.

그래서 우리는 지속적으로 새로운 지식을 배울 수밖에 없는데 그렇다 고 새로운 기술이 세상에 등장할 때마다 대학에 진학을 해서 배울 수는 없 다. 그러한 방법은 시간적으로나 경제적으로 그리 효율적인 방법이 아니 다. 그래서 투자 대비 가장 효과적이고 적은 비용으로 우리가 원하는 정 보를 끊임없이 우리에게 전달해 주는 도구는 바로 책이다. 책은 시간적, 공간적 제한 없이 자유롭게 원하는 정보를 손쉽게 얻을 수가 있다는 것을 우리 모두 알고 있다. 특히 하나의 주체를 가지고 독서를 하며 분야를 차 츰 넓혀 나가는 독서는 아주 효과적이다. 이 방법은 많은 비용을 들여 관련 분야의 학위를 따는 것보다 훨씬 경제적이고 그 효율성이 높다. 경제적, 시간적으로 여유가 되는 사람들은 대학에서 관련 분야 석박사학위를 획득하여 한두 개의 학위를 더 가질지는 모르지만 지속적이지는 않다.

독서는 필요한 분야에 대한 공부를 저비용으로 원하는 시간과 장소에서 할 수 있는 장점이 있다. 한 가지 주제를 가지고 독서를 하게 되면 가장 값싸게 각종 고급정보를 많이 얻게 되고 그것을 바탕으로 분야를 넓혀 가며 지적 네트워크를 형성하는 것이다.

우리는 스스로 끊임없이 자신을 혁신하여야 미래를 보장받을 수 있다. 혁신은 특별한 단체에서만 쓰는 단어가 아니다. 진정한 혁신 대상은 나 자신부터 출발하여 넓게 확장을 하는 것이 본질이다. 내가 먼저 변해야 가족, 조직, 국가 더 나아가 세계를 변화시킬 수 있는 능력이 생긴다. 지식정보는 발생하는 모든 현상에 대한 인과성을 파악하는 내면의 눈을 밝혀 주기 위한 도구이며 동시에 현상의 본질을 볼 수 있는 빛과 같은 것이다. 즉 본질을 본다는 것은 '무(無)'를 본다는 것이며 '무(無)'에서 연속된 현상의 실체를 볼 줄 아는 눈을 가진다는 이야기와 같다. 이 눈이 창조적 능력을 상승시키는 주 원인이다. 피상적으로 보이는 현상에 대한 집착은 간단한 응급처치일 뿐 근본적인 치료는 아니다. 근원적인 문제의 해결은 사유의 끝으로 지속적인 운동을 하는 가운데 모든 문제해결 방법이 생긴다. 우리 자신의 내면에 양질의 고급정보에 끊임없이 노출시키는 것 그리고 그 지식정보를 도구화하여 통섭하고 융합하는 사고가 사유의 끝으로 가는 가장 강력하고 확실한 방법이고 유일한 필수도구이다.

인식의 확장과 융합

융합적 사고를 하기 위해서는 다양함을 받아들이는 것이 첫 번째의 원칙이다. 그리고 두 번째는 '실천'이다. 아무리 우리가 융합을 해야 한다, 통섭적 사고를 해야 한다고 말을 해 보아도 실천이 없는 말은 소리 없는 아우성에 불과하다.

통섭적 사고는 지식정보를 경계 없이 받아들이고 옳고 그른 정보에 대한 객관적 판단으로 탁월한 선택을 할 수 있는 힘을 길러야만이 융통섭적 사고자가 되는 것이다. 융통섭적 사고를 한다는 것은 지식정보의 객관적 판단과 함께 사고의 균형을 잡아 나가는 정신훈련이다. 습득된 지식정보의 객관성의 균형을 잃어버리면 잘못된 정보를 진실로 포장하여 우리들의 사고를 오류로 인도하는 지식정보에 속아 미숙한 판단을 하게 되는 결과를 초래한다. 그러한 오류를 막기 위해서는 현상을 바라보는 객관적 시각과 균형을 유지할 수 있는 사유능력이 필요한데 그 능력은 자신 안에 깊이 자리 잡은 오랜 관념을 새로운 지식정보 도구와 의도적으로 충돌을 일으켜 내면 속의 낡은 관념을 없애려는 극복 속에서 자연스럽게 균형 있고 객관적으로 현상을 바라보는 눈이 발달한다.

즉 지식정보를 이용한 사유의 균형을 유지하는 과정 속에서 우리들의 사고력은 비약적으로 확장되고 정교해지고 창조적 능력은 그 과정에서 생겨나는 보너스이다.

　융통합적인 사고를 한다는 것은 인식의 영역을 확장해 나가기 위한 최고의 실천행위인데 가장 손쉬운 방법이 다양한 분야의 저자들의 글을 많이 읽는 것이 가장 훌륭하고 손실이 적은 실천행위이다. 그러나 균형 잃은 편협한 글읽기는 오히려 세계를 바라보는 눈이 왜곡되어 그 진실에 대한 접근은 하지 못하고 오히려 더 좁은 눈으로 세상을 오판하는 독을 자신 안에 뿌리내리게 하는 원인으로 작용하기도 한다. 그 원인으로 인해 자신의 성장에 암울한 결과를 경험할 수밖에 없다.

　그래서 광범위한 지적 네트워크를 자신의 혈관처럼 확장시키는 실천은 융통섭적인 사유의 깊이를 넓고 깊게 하는 결정적인 요인으로 작용한다. 그 사유의 결과는 인식의 확장과 함께 새로운 지식을 창조하는 결과를 만들어 내는 강한 동기를 가지게 된다. 지식의 창조는 수많은 시행착오의 경험을 축적하는 과정을 반드시 필요로 하며 그러한 지식정보들은 오랜 시간 무의식속의 정보의 축적과 함께 숙성시간을 가져야만이 창조적인 아이디어가 외부로 발현된다.

　외부에서 보내 주는 지식정보의 속성은 잔잔하고 때로는 강한 자극으로 우리 내면을 자극하는데 이렇게 전달받은 지식정보를 사유운동으로 무의식에 잠재된 과거의 지식들과 적절한 균형을 맞추는 작업시간을 숙성의 시간이라고 이야기하며 이러한 사유작업이 없는 읽기 혹은 보기만 하는 독서 행위는 단순히 문자의 뜻만 이해하는 1차적인 단계일 뿐이다.

당연히 단순한 문자놀음만을 가지고는 자신안에서 극적인 변화가 일어나지 않는다. 즉 지식정보의 숙성은 지속적인 외부자극을 통해서 자신의 내면속에서 문제해결을 위한 생각들로 전환하도록 하고, 그리고 연결되어진 경험들과 함께 연속적으로 또 다른 지식정보와 연합하는 것이 융통섭적인 지적 역량을 강화시키는 방법이다. 이러한 과정에서 세계를 다각도로 볼 수 있는 통찰력이 생기며 동시에 세계의 민낯을 볼 수 있다.

넓혀진 세계를 보는 안목을 이용하여 새로운 지식을 탄생시키는 작업을 시도하는 가운데 창조적 과목을 지속적으로 생산해 낼 수 있다. 지식을 창조하는 능력을 가진 사람들이 현대 첨단 기술과 문화의 시스템을 창조하는 진정한 기획자들이다. 그러한 기획자들이 새로운 규칙과 사상 그리고 기술을 창조해 내는 진정한 인재들이다. 그들은 지속적으로 자신의 생각들을 확장시키는 사람들이며 특정한 생각에만 치우침이 없는 사람들이다. 다시 말해서 그들의 사고방법은 특정한 생각을 확장시키는 사람이지 특정한 생각 속에 빠지는 사람들이 아니라는 뜻이다.

즉 과거부터 본래 가지고 있던 낡은 고정관념과 투쟁하는 대신 사고의 방향을 자신이 성취하고자 하는 분야의 새로운 모습을 보려는 의지에 사고의 초점을 맞추어 그 현상에서 필연적으로 발생하는 감정적인 망상에 빠지지 않는 상태를 끊임없이 지속하는 사람을 이야기한다.

우리가 경계해야 할 것은 자신만의 생각이 옳다는 독단적인 생각에만 빠지지 않아야 하고 동시에 더 넓고 깊은 자신 내면과의 대화를 통해서 과거의 낡은 관념과 끊임없이 충돌하여 창조적 사고습관을 자신안에 뿌리내리기를 멈추지 않아야 한다. 내가 이 분야만큼은 최고라는 근거 없는 자신감은 자신의 발전을 가로막는 결정적인 걸림돌로 작용을 한다. 그러한 생각들이 우리를 지배하기 시작하면 필히 동반되는 것이 일에 대한 매너리즘에 빠지게 된다. 그러한 내면의 독은 게으름과 태만을 필연적으로 낳게 된다. 자신이 그 일을 모두 안다고 착각하는 시간이 길어질수록 더 이상 그 일에 대한 깊은 사고운동은 멈추게 된다.

어떠한 일이든 발생하는 원인 속에는 더 넓고 광활한 또 다른 모습을 감추고 있다. 우리가 알고 있는 일에 대한 경험과 지식은 티끌만큼도 되지 않는다. 먼지만큼도 되지 않는 지식과 경험은 얼마 지나지 않아 변질이 되고 우리 내면은 새로운 지식과 경험 정보들을 쉴 틈 없이 요구한다. 그 신호를 무시하는 습관을 오랫동안 지속하면 어느 순간 자신의 일을 잃기도 하고 그 분야에서 도태되고 만다.

융합적 사고를 한다는 것은 다양한 현상들에 대한 열린 마음을 가지고 현상에 대한 인식을 넓혀 가는 실천이고 동시에 통찰력을 가진다는 것은 벌어지는 현상에 대한 다양한 긍정적 가능성의 길을 찾는 과정에서 생긴다. 대상에 대한 열린 가능성을 보기 위해서는 좋다, 나쁘다 같은 감정의 영역을 초월했을 때 비로소 보이는 현상의 진실한 모습이다.

우리가 기존에 알고 있는 모든 지식과 개념은 항상 변화한다는 사실을 깊이 이해해야 한다. 이 세상에 영원한 것은 없다. 인간이 생존을 위하여 활동하는 과정에서 시시각각 일어나는 사건이 변화를 만들어 낸다. 그래서 우리는 낡은 생각들과 습관들은 수시로 폐기처분하고 새로운 창조력을 향상시키는 사고습관을 지속하지 않으면 과거의 습관을 유지하고자 하는 무의식의 고집에 항복하게 되고 동시에 빠르게 변화하는 세계에서 도태되는 운명에 처하게 된다. 그래서 낡은 관념들을 버리면 버릴수록 우리는 다양한 현상들을 관찰할 수 있는 폭넓은 시각을 가질 수 있고 변화는 항상 새로운 규칙들을 동반한다는 사실을 진심으로 느낄 수 있다. 또한 모든 현상들은 서로 상호 연결되어 있다는 글로만 이해했던 사실을 직접 눈으로 목격할 수 있을 것이다.

앞으로 우리가 살아야 할 세상은 창조적 사고능력을 바탕으로 한 새로운 문화의 변화를 일으킬 수 있는 그런 인재를 필요로 한다. 창조적 융통섭적인 사고방식을 가진다는 것은 수많은 이론으로만 되는 것이 아니라 이론 속의 다른면을 지속적으로 볼수 있는 사고의 발상을 대전환하는 능력이 필요하다. 사고의 대전환은 이론과 함께 직접적인 경험과 연합했을 때 미처 보지 못한 현상의 다른 모습을 볼 수 있는 것이다. 즉 현상 전체를 통합하여 볼 수 있는 통찰력이 생기는 것이다. 우리가 그러한 모습을 볼 수 있는 내면시각의 힘이 창조적인 아이디어의 발휘를 유도한다. 융통섭한다는 것은 현상 속 패턴 운동 전체를 볼 수 있는 눈을 가진다는 의미이고 그 포괄적인 현상 속에 담긴 구체적인 내용을 끊임없이 읽어 내려는 실천을 통해서 우리의 창조성은 발현될 것이다.

미래사회는 융합 인재가 세계를 주도한다

융통합적인 사고와 함께 성공적인 성과를 내기 위해서는 지식과 함께 다양한 사람과의 관계를 맺는 것만으로는 자신의 일에 대한 괄목할 만한 성과를 이룰 수 없다. 지식을 통한 사유의 바탕 속에서 다양한 분야의 사람들과의 관계를 통해서 얻어진 정보가 성과를 낼 수 있는 결정적인 아이디어를 생산할 수 있다. 다시 이야기하면 직간접적으로 습득된 지식정보를 활용할 수 있는 사고능력의 수준이 높을수록 그 아이디어의 활용도가 높아진다는 이야기이다.

지금까지 배워 왔던 지식정보와 새롭게 습득된 지식정보 도구를 가지고 무엇을 창조하기 위한 목적을 이루기 위해서는 우리 내면 안의 고정관념과 독단을 박멸하는 도구로 사용하는 것이 지식정보의 1차 활용법이다. 왜냐하면 새로운 지식정보들이 우리 두뇌 속에 제대로 입력이 되면 과거에 입력된 두뇌 속 지식정보는 새로운 지식체계와 융합하여 독단적으로 믿어 의심치 않았던 절대적 앎에 대한 체계를 흔들어 버리기 때문이다. 이 과정에서 자동적으로 지식정보가 업그레이드되어 본능적으로 우리는 자신안에 불필요하게 뿌리 깊이 박혀 있는 고정관념을 차례로 소멸시킬 수 있는 힘을 가지게 된다. 이 상태가 진정한 두뇌 속을 리셋하는 작업이다.

과거에 습득된 지식정보는 새로운 지식정보와 융합되어야만이 참신한 상상력을 발휘할 수 있는 두뇌 속 창조 공간을 확보할 수 있다. 따라서 두뇌 속을 주기적으로 고정화된 불필요한 낡은 지식을 새로운 지식으로 대체시키는 작업을 통해서 새로 습득된 지식정보들이 뿌리 뽑힌 고정관념의 자리를 대신할 수 있다.

습득된 지식정보는 항상 갱신을 예고하고 있고 실재로 갱신된 지식정보의 힘으로 세계는 변화되고 있다. 지식갱신의 유효기간은 모든 분야에서 적용되며 언어와 글과 함께 세계문화 패러다임의 변화에 적용이 된다.

새롭게 만들어진 지식 혹은 개념은 사실 적용의 범위는 없으며 그저 우리는 또 다른 지식정보체계를 세워 자신의 분야 혹은 또 다른 분야를 창출할 수 있는 힘을 지속적으로 축적시키고 발산하는 것뿐이다. 그러한 작업의 반복을 통해서 우리는 진보해 왔다. 창조성을 가진 사람들은 이러한 작업의 반복을 힘들어하지 않고 오히려 호기심을 가지며 단순한 창조적인 놀이를 즐기는 사람들이며 그 놀이를 놓치고 싶어하지 않는 긍정적인 중독성에 빠져 있는 사람들이다. 그러한 놀이를 통해서 자연스럽게 자신의 사고력이 업그레이드 되며 놀라운 실적을 연속적으로 만들어 내는 사람 또는 그 가능성이 높은 사람으로 성장하게 된다.

그러한 사람들은 긍정적인 사회적 신뢰관계가 형성될 수밖에 없다. 사람과의 관계의 본질은 상호협동 관계이기 때문에 모두에게 이로운 영향을 주는 탁월한 능력을 가진 사람의 주위에는 긍정적인 신뢰관계가 형성되는 것은 지극히 당연한 일이며 그러한 탁월한 사람이 리더로서 자연스럽게 사회적 영향력을 가지게 된다.

긍정적인 융통섭형 사고를 통해서 생겨난 새로운 지식정보들은 타인에게 건전한 영향과 동기를 심어 주며 동시에 타인과 같이 더 큰 공동의 목표를 달성하기 위한 창조 공동체를 만들어 가는 것이 이상적인 사회적 인간 관계이다. 세계를 이끌어가는 리더는 융통합적인 사고력을 통해서 세계를 보는 인식의 확산과 함께 긍정적인 영향을 주는 콘텐츠를 끊임없이 생산해 내는 사람이다.

융통합적 사고를 통한 창조성 발현의 진정한 목표는 세계의 변화를 주도하는 사람이나 위대한 거장이 되고자 하는 욕망을 채우려는 의도를 가지는 것도 나쁘지는 않지만 융통합적 사고를 통한 우수한 결과물을 통해서 우리들이 살고 있는 세계 속의 문화를 리모델링하는 작업을 지속적으로 하여 세계에 긍정적인 영향을 끼쳐 우리 모두가 잘 살아갈 수 있는 가능성을 높이는 일을 하는 것이다. 그러한 일을 끊임없이 하는 사람들에게는 수많은 대중들에게 공감과 존경을 얻게 되고 동시에 돈과 명예는 보너스처럼 세상이 우리에게 주는 것이다.

진정한 융통합을 통한 창조적인 목표를 달성하고자 하는 대상은 내가 아니라 우리이다. 내 전문분야라는 것은 원래부터 존재하지 않았고 편의상 다양한 과목으로 나누었을 뿐이다. 즉 세상에는 오직 크고 넓은 한 가지 텍스트만 존재할 뿐이라는 이야기이고 오로지 우리에게는 발생하는 현상 속에 우리들이 풀어야 할 수많은 과제만이 존재할 뿐이다.

새로운 콘텐츠 혹은 첨단 기술의 출현의 배경은 다양한 문화를 함유하고 있다. 즉 새로운 콘텐츠의 창작은 어느 한두 가지 지식정보를 가지고 만들어진 것이 아니고 다양한 지식정보와 개인적인 경험이 융합되어 있다는 말이다. 그렇게 융합되어진 결과물이 우리 앞에 나타났다는 것을 인식하고 그 콘텐츠나 기술이 발표된 배경 속에 숨겨진 다양한 이야기들을 재해석하고 동시에 또 다른 콘텐츠와 연결하는 작업들을 지속적으로 하는 가운데 창조적인 콘텐츠 혹은 기술이 탄생하는 것이다. 그렇게 생산된 기술 혹은 콘텐츠가 축적이 되어 또 하나의 문화가 한시적으로 만들어지는 것이다. 그러한 한시성을 가진 문화는 없어지는 것이 아니라 새롭게 등장한 문화와 계속적으로 융합되어 큰 문명의 물줄기가 되는 것이다. 그 문명의 물줄기를 연결하는 원인제공자는 탁월한 사고력을 바탕으로 한 창조적인 설계자들이며 그들은 사회적관계를 통해 얻어진 신뢰를 바탕으로 대중과 상호협동한다. 그러한 사회적인 상호협동력을 원활히 이끌어 내는 사람들이 리더이다. 상호협동력은 공동의 목표를 모두 이루기 위한 각 개인의 능력을 아낌없이 쏟아낼 수 있는 열정 속에서 생겨난다.

융합은 새로운 패러다임을 창조한다

인류문명 진보에 큰 획을 그은 다양한 분야의 거장들은 창조적인 결과를 위해서 자신 안에 사유의 틀 속에 불필요한 고정관념을 깨트리고 동시에 새로운 지식정보를 습득하여 세계를 보는 인식의 확장력을 키워 그 틀을 무한정으로 키워 나가는 사람들이다. 그러한 창조적인 힘으로 당대의 대중들이 누리고 있는 시간이 지난 콘텐츠 속의 매너리즘을 유발하는 요소를 제거시켜 신선한 호기심을 자극하는 작품을 세상에 발표하였다. 동시에 작품 안에 그 시대 사람들의 오래된 문화의 사고방식들을 획기적으로 바꾸기 위한 대중들의 의지를 부추겼다.

그러한 새로운 콘텐츠 또는 기술들의 영향으로 대중들의 사고방식의 변화와 함께 급격하게 라이프스타일을 바꾸어 놓았다. 그러한 변화는 주기적이고 연속적으로 다양한 분야에 걸쳐서 이 세계를 진보시키는 핵심 요인이 되었다. 항상 변하지 않고 제자리를 고수할 것만 같은 뿌리깊은 문화를 획기적으로 변화를 일으킬 준비를 하는 창조적 기획자들은 언제나 소수이다. 그래서 우리는 그들을 거장이라고 부르기도 하고 혁신가라고 부르기도 한다. 그들의 내면에서 쏟아지는 창조의 힘은 과거의 지식의 축적과 함께 새로운 지식정보들을 융합하고 활용하는 균형감각을 조화롭게 유지하는 가운데 생기는 능력이다.

융합을 통한 창조 행위는 언제나 세계 속에 만연한 오래된 패러다임을 교체하여 새로운 의식구조의 개혁을 통한 불합리한 세계 속의 문제점을 해결하고자 하는 데 언제나 정조준하였다. 패러다임을 극적으로 바꾸는 데 결정적인 동기를 제공하는 사건 중에 하나가 우리가 모두 알고 있는 코페르니쿠스와 갈릴레오의 사례를 참고할 수 있다. 그 시대 사람들의 절대적인 세계관은 우주의 지배력을 인간이 아닌 신의 영역으로 이동을 시켰고 인간은 신이 부여하지 않은 억지스러운 관념적이고 형이상학적인 사고를 스스로에게 강요하였다. 그러한 경건주의의 부작용으로 인하여 인간 스스로 만들어 낸 신의 임무를 수행하는 경지까지 올라갔다. 그 과정에서 신이 의도하지 않는 인간의 망상에서 만들어진 주관적 스토리를 민중에게 주입하여 수많은 오류와 함께 희생을 낳았다. 그러한 주류 문화에 코페르니쿠스와 갈릴레오는 만들어진 신의 계시에 도전장을 제출하는 의도치 않는 결과를 초래했다. 그들의 용기 있는 도전을 동기로 인간은 신의 세계를 객관적으로 관찰하려는 용기를 가졌고 동시에 인간이 자연을 지배하고자 하는 강한 욕구와 함께 과학이라는 도구를 진화시키려는 열정을 가지게 되었다. 이 사건은 고대부터 이어왔던 대중들의 우주관과 세계관을 새로운 시각으로 볼 수 있는 기회와 함께 신과 우주에 대한 자신만의 견해를 쓰기 시작하는 지식인들이 생겨났다. 이러한 변화의 원동력은 갈릴레오와 코페르니쿠스처럼 소수의 혁신가들의 창조적인 콘텐츠의 발표가 원인으로 작용하여 서구세계인들 사고의 패러다임이 맹목적인 관념적 사고에서 이성적이고 논리적인 시각으로 세계를 관찰하고자 하는 실천의 힘을 더욱 강하게 하는 동기를 갖게 되었다.

패러다임을 바꾼다는 것은 과거부터 뿌리 깊은 관습과 규칙에서 발생하는 삶에 대한 불편함과 불합리한 사회구조 속에서 미처 생각하지 못했던 새로운 견해가 대중의 공감을 일으키거나 실제적인 해결 방안을 제시되었을 때 패러다임의 전환이 일어난다.

언제나 새로운 견해의 출현은 이미 존재하는 견해로부터 출발하여 과거의 견해 속에 불합리성을 제거하고 그 자리에 새로운 의견으로 교정하는 작업의 반복이다. 이러한 작업은 다양한 지식정보와 함께 사고의 융합능력을 필요로 한다. 융합은 과거와 현재 속에 존재하는 지식정보들의 내면속 사고운동을 통해서 새로운 지식이 독립적으로 탄생되는 창조행위이다.

융통섭적 사고를 기반으로 한 창조적 작업을 통해서 생산된 지식과 정보의 조건은 창작을 하는 당사자가 보는 세계 혹은 사회, 국가와의 관계 속에서 대다수의 사람이 느끼는 불합리한 요소 그리고 불편함이 공감이 되어야 하며 동시에 불편함 속에 다른 이면을 통찰하려는 노력이 필요하다. 그러한 통찰이 바탕이 되어야만이 모두가 안정적이고 편안한 삶을 살 수 있는 길을 찾을 수 있는 아이디어가 발현된다. 그 사유의 결과를 문자 혹은 언어를 통해 외부를 향해 발표하는 것이다. 그러한 작품이 대중과의 공감을 얻었을 때 위대한 역작이 되는 것이다.

창조적인 콘텐츠 하나가 대중의 공감이 확산되면 그 시대에 존재하는 다양한 분야에 대한 직업과 삶의 패러다임을 바꾸는 주요 요소가 되기도 한다. 패러다임은 과거문화의 창조역사를 배경으로 현재 문화창조를 위한 아이디어와 연결을 지으며 미래를 동시에 준비한다. 창조의 영향력은 패러다임의 바람과 함께 성장하기 때문이다.

　융합을 한다는 것은 이미 일어난 현상을 연결하는 것이 아니라 일어난 현상 전후를 바라보고 그 속에 감추어진 다양한 주제들을 찾아내는 작업이다. 단순한 겉모습만을 포장한 개념만 나열한다거나 눈에만 보여진 공통점을 찾아서 밝혀진 주제를 단순 연합하는 것이 융합은 아니다. 융합은 종합적인 통찰을 할 수 있는 지성능력이 필요하며 동시에 보이지 않는 현상 혹은 대상의 모습을 보려는 자신의 의식 확장훈련에 의해서 그 능력을 발휘하게 한다. 그것이 융합이며 그러한 원인으로 지금까지 우리들 삶의 패러다임을 바꾸는 근본적인 원인이 되었다.

새로운 것을 찾고 조합하라

　새로운 무엇인가를 찾는다는 것은 그것을 정밀하게 구체화시키기 위한 사고의 연장작업의 준비 과정이다. 사고의 연장은 내면 안에 호기심과 관찰력을 필요로 하며 관심을 유발시키는 대상에 대한 깊은 호기심을 가져야만이 자신 안에 언제나 존재하지만 외부에서는 보이지 않는 '눈'을 이용할 수가 있다. 그리고 그 눈을 두뇌의 엔진 속으로 연결시키는 작업을 통해야만이 내면작업 속에서 발동한 호기심으로 바라본 세계의 새로운 모습들이 육안으로 보여지는 것이다. 그 새로운 모습은 수많은 주제들이 융합하여 지금의 모습으로 최종적인 결과물을 우리들에게 보여 주는 것임을 깨닫게 될 때 다양한 분야에 활용될 수 있는 창조적인 작품으로 승화시킬 수 있는 진정한 힘을 얻게 된다.

　예를 들어 꽃을 보았을 때 보통의 사람들은 그냥 꽃이 피었다는 사실에 대한 현재 감정으로 느낀 그 자체, 즉 아름답다 혹은 예쁘다 같은 단순히 모두가 보고 있고 알고 있는 사실에 대한 피상적으로 보인 대상의 현재의 모습에 대해서만 묘사한다. 평범한 사람들은 눈으로 보여지는 대상에 대한 표현 그 이상을 이야기할 수 있는 능력을 계발하지 않은 사람들이기 때문에 육안으로 보여지는 대로 대상에 대한 표현을 할 수밖에 없음은 당연한 일이지만 창조성과 자신의 일에서 괄목할 만한 성장을 지속적으로 하는 일은 포기해야 할지도 모른다. 반면에 진정한 호기심의 힘을 아는 사람은 꽃의 내면을 이미 상상을 하고 자신이 상상한 꽃의 내면을 실제 꽃에서 확인하여 궁금증을 해결하려는 욕망을 느낀다. 예컨대 꽃에서 이미 표현된 하늘과 땅을 가리킨 커브의 곡선을 통해서 미술적인 영감과 연결하고 꽃잎 사이에 뭉쳐진 씨의 패턴들의 모음 속에서 수학적인 표현을 읽어 내는 능력은 오로지 강한 지성과 호기심을 발휘하였을 때 생겨나는 창조적인 능력이다. 그러한 대상에 대한 실질적인 모습을 우리는 내면 속에 이미지화시킴과 동시에 다양하게 겪었던 개인의 직간접적인 경험들과 융합하여 전혀 다른 이야기로 내면 속에 탄생한다.

 그렇게 연합된 내면 속의 이야기들의 최초는 조각난 지식들의 조그마한 조합일 뿐이었지만 그러한 조각들을 크게 융합하고자 하는 지속적인 시도 속에서 새로운 형태의 창조적 결과물이 탄생한다. 그 모습이 문학의 형태로 미술의 형태로 그리고 과학의 형태로 그 모습을 바꾼다. 이러한 창조적인 결과는 오로지 자신의 내면에서 융합한 지식정보가 무의식에 쌓인 경험정보들과 운동하여 다양한 형태의 결과물로써 탄생하게 된다는 이야기이다.

 사실 지적능력은 단순히 문자의 습득에서만 쌓여지는 것이 아니라 사물을 다양하고 그리고 깊고 넓게 관찰하고 자신만의 개성 있는 시각으로 외부에 묘사하는 실천을 통해서 축적된다. 그렇게 축적된 지식과 정보는 비움을 통해서 내면 안에 있는 창조 운동력을 활성화시켜야 한다. 이러한 운동은 매우 고차원적인 신체 활동이며 본래 우리 안에 언제나 축적되어져 있는 에너지를 사용하는 일이다. 우리 안에 본래 가지고 있는 창조의 에너지를 무한히 확장시키는 실천이 우리가 습득한 지식정보의 쓰임을 제대로 사용하는 것이며 그렇게 해야만이 우리가 알고 있는 지식정보를 크고 넓게 사용하여 자신의 일에서 눈부신 성장을 할 수 있는것이다.

그래서 우리는 매일 자신 안의 진짜 나를 만나는 습관을 통해서 외부의 화려한 겉모습에만 반응하는 가짜 나를 극복하여야만이 진짜의 나의 본모습을 비로소 만날 수 있다. 진짜의 나는 가짜로 포장된 겉모습 속의 나 자신을 초월한 저 깊은 내면 안에 있기 때문이다. 그 속에는 어떠한 감각적인 작용도 미치지 않는 그곳이 바로 진짜 나의 모습이 있음을 우리는 진실한 믿음으로 사용을 허락받을 수 있는 공간이다.

우리가 감각작용으로만 습득한 지식정보만으로는 사실 자신의 일생에 큰 도움이 되지 못하며 오히려 육체와 일부 정신 에너지를 이용하여 배운 지식정보는 무의식과 의식 속에 불필요한 생각의 찌꺼기들만 끊임없이 생산할 뿐이다. 그러한 생각찌꺼기는 불필요한 감정의 소모를 만들어 내며 불필요한 감정은 복잡한 정신 상태를 만들어 고통스러운 반복적 잡념 상태에 빠지게 되는 결과를 초래한다. 이러한 증세가 지속되면 대상을 정확하게 볼 수 있는 상상의 눈과 이성과 논리적인 표현 기능이 매우 떨어지게 되며 동시에 내면에 지독한 독단과 교만이 자리잡아 올바른 판단을 하지 못하는 판단미숙아가 되어 버린다.

그래서 새로운 지식정보와 경험의 진정한 만남을 위하여 나의 생각을 최대한 심플한 상태를 유지할 필요가 있다. 심플은 창조적 생각을 갖기 위한 첫번째 요건이며 심플하다는 것은 사고의 오류를 줄여 주며 잘못된 선택을 하더라도 빠른 속도로 원위치할 수 있는 기동성을 가질 수 있기 때문이다.

새로운 지식정보의 조합은 내면의 상태가 가벼운 상태일수록 더욱 깊고 넓게 창조에너지 속으로 향해 간다. 그러한 융합과 통섭적 사고을 통한 자신의 성장은 자신이 이루고자 하는 목표에 대한 뚜렷한 기준을 세우고 그 일에 관련 있는 다양한 지식정보들을 차례로 습득해 나가는 과정에서 미처 알지 못했던 정보들을 관련 지식정보에서 경험할 수 있으며 그 과정에서 필연적으로 일어나는 내면 안에 지적 충돌을 감당할 수 있는 용기 역시 필요하다. 그 충돌의 형태는 예를 들어 어떠한 일을 오랫동안 했다고 하여 그 일을 잘한다는 착각 속에서 생겨난다. 그 착각은 자신만이 홀로 자신의 실력을 인정하여 생기는 타 존재에 대한 기만과 합리화와 함께 성취하고자 하는 일에 대한 진실을 올바로 보지 못하며 결국에는 자신 안을 스스로 고정관념의 틀 속으로 가두어 버리는 결과를 초래하게 된다. 그러한 병적인 상태는 목표의 달성을 스스로 어렵게 만들고 자신만의 심적 고통을 겪는 결과를 초래한다. 그러나 그 증세는 새로운 지식의 습득과 지속적으로 낯설은 경험을 통한 꾸준한 학습을 통해서 극복할 수 있다. 그러한 실천을 꾸준하게 함으로써 자신이 이루고자 하는 일에 대한 다른 면을 지속적으로 보고 꾸준히 개선하는 노력을 하는 가운데 자연스럽게 창조성이 일어나게 된다. 동시에 자신만의 독특한 발상을 통해서 일에 대한 획기적인 변화를 시도하는 능력 역시 가질 수 있다.

진정으로 일을 잘 하는 사람이 되고 탁월한 실적을 만들어 내는 사람이 되고자 원한다면 심플한 내면 상태를 유지할 필요가 있다. 심플하다는 것은 내면 안에 자신이 하고자 하는 일에 대한 사고를 방해하는 모든 생각의 쓰레기를 비우는 가운데 자신의 내면은 텅 비게 된다. 텅 빈 공간에 새로운 지식정보의 나무를 심고 그 가운데 생긴 또 다른 잡목을 벌목하는 일의 반복이 멈추지 않아야 심플한 상태를 유지할 수 있다. 심플한 상태의 균형을 잃은 상태는 다양한 형태로 우리들의 내면 속에 신호를 준다. 예를 들면 자신이 추진하고자 하는 일에 대한 아이디어가 연속적으로 평범한 생각들만이 일어나는 순간이 온다면 과거에 낡은 생각을 되풀이하려는 무의식적 운동의 현상이며 그것이 심플한 상태의 균형을 잃게 되는 원인이 된다. 왜냐하면 과거의 낡은 생각은 별 도움이 되지 않는다는 것을 자신 안에 무의식은 알고 있지만 새로운 사고를 위한 연습의 부적응으로 편안한 과거의 상태를 유지하고 싶은 우리 실존의 생존 본능 때문이다.

그러한 현상을 극복하기 위해서는 그 일에 대한 새로운 지식정보를 학습하고 동시에 이미 알고 있는 지식정보와 융합하고 연결하여 추진하고자 하는 일에 대한 또 다른 모습을 보려는 시도를 습관화하면 된다. 또한 내면에서 알려 주는 신호의 진정한 의미를 깨닫는 훈련 역시 필요하다. 그 신호는 우리가 일을 추진하는 가운데 습관적으로 과거의 낡은 생각으로 인한 실패를 예정하는 내면의 진동이다. 이러한 내면의 느낌을 즉시 깨닫고 바로 새로운 사고로 의식을 전환시켜야 한다. 다시 말해서 낡은 습관으로 인해서 지금까지 별다른 소득을 얻지 못했거나 실패를 했는데도 무의식적으로 또다시 과거의 습관대로 생각하는 것을 내면은 매우 정확하게 신호를 보내는 것에 대해서 우리는 진정으로 받아들여야만 이 새로운 창조적인 방법이 생긴다는 이야기이다.

필요로 하는 지식정보들을 융합하고 조합하는 작업을 하는 가운데 의도치 않은 시행착오는 불가피한데 사실 시행착오는 실패한 것이 아니라 또 다른 지식정보의 깨달음이 필요할 뿐이고 조합되어야 할 정보일 뿐이다. 더불어 그러한 시행착오가 많을수록 자신의 창조성을 높일 수 있고 탁월한 실적을 만들어 낼 수 있는 원동력이 된다.

진정한 창조적 융통섭은 현상 속의 원형에 천착하여 그 속에 담겨진 다양한 주제들을 분리하여 창조성을 높이는 자료로써 사용하여 새로운 형태의 지식정보를 생산하는 일이다. 다시 말해서 새로운 형태의 창조적 지식정보는 융합을 통해서 경계를 갖지 않는 직간접적 지식정보와 경험을 필요로 하며 그러한 융통섭하는 사고의 실천은 나만의 창조적 생각의 조합으로 이어져 자신이 목표한 일에 대한 획기적인 콘텐츠가 탄생하는 긍정적인 원인을 제공한다.

우리가 모든 분야에서 창조성을 발휘하여 일에 대한 성과를 이루고자 하는 실천을 한다는 것은 자연스럽게 문화창조자의 일원이 되는 일이며 그렇게 만들어진 생각의 기록들의 모음이 문화가 되며 또다시 문화가 융합되어 문명이 되는 것이다. 우리들이 살고 있는 세계는 과거에 창조적인 사람들이 열정적이고 호기심 어린 눈으로 깊이 세계를 관찰하고 그 사고의 결과를 기록한 모습들이며 그 기록을 우리는 계속 연결해야 하는 의무를 가지고 있다. 우리의 생존을 위해서 삶의 불편함을 제거해 나가는 것이 인간이 본래 가진 본능이기 때문에 창조작업을 불가피하게 멈출 수 없는 것이 우리들이 가지고 태어난 숙명적인 놀이이다.

창조적인 사고를 한다는 것은 자신을 초월한 상상을 통해서 새로운 아이디어들이 생겨나며 동시에 지식정보의 융통섭으로 그 상상의 이미지를 구체화시키는 작업이다. 모든 분야에서 일어난 문화의 혁명들은 이러한 과정을 통해서 과거에 발표되었던 지식정보들 속에서 불합리한 요소들을 제거하고 그 자리에 새로운 지식정보를 결합하는 반복의 확장 속에서 발전을 해 왔다는 커다란 원리의 맞물림의 연속이다.

창조의 원리는 융합에 있다

창조의 힘은 자신의 삶 주체성을 회복하는 데서 출발을 한다. 다른 사람의 의견을 무작정 모방하는 것은 자신이 본래 가지고 있는 능력을 '사장'시키는 일이다. 위대한 사상을 역설했던 사람들의 생각이나 사회에 큰 공적을 세운 사람들의 이야기는 자신을 내려놓고 경청해야 하는 것은 사실이지만 경청과 함께 그 의견의 다른 모습을 볼 수 있는 사유를 하는 능력은 순전히 자신 안에 있다. 최고의 성과를 이루어 그 시대의 문화, 기술 패러다임을 바꾼 사람의 의견은 그 시대 상황에서만 적용될 수 있는 특수성을 가지고 있기 때문에 그 특수성을 내가 살아가고 있는 현재와의 연결성을 가져야만이 창조적인 지식정보를 생산해 낼 수 있는 것이다.

다시 이야기하면 인간의 삶은 시대가 변함에 따라 지속적인 변화를 하는 것이 우리 삶의 진리이며 그 변화를 일으키는 도구는 지식정보의 융합을 통한 끝없는 연결성을 가지는 속성을 지니고 있다. 그래서 창조성을 일으키는 가장 중요한 요소인 자신의 진정한 모습을 볼 수 있는 용기, 다시 말해서 자신의 모자람까지도 객관적으로 보고 수용할 수 있는 인격 즉 자신에 대한 엄격함과 관대함을 가지고 있어야만이 자신 안에 주체성은 살아난다. 창조성은 순전히 내면의 힘이 절대적이기 때문에 자신 안에 모자람과 우월성을 모두 객관적으로 바라보는 사고의 관용성을 가져야만이 채움과 비움의 균형을 맞출 수 있으며 동시에 새로운 지식정보들을 이용하여 창조적인 융합을 할 수 있기 때문이다.

위대한 지성들이 창조성을 함유한 그들의 이야기를 신뢰하는 것은 좋지만 그 의견에 전적으로 의존을 한다는 것은 문제 있는 행위이다. 그 의존성의 병은 새로운 의견을 세상에 제시했던 지성인의 본래의 의도와는 상관없이 자신만의 독단적인 망상의 확장으로 지성인의 의견이 왜곡의 병으로 전이되어 독초처럼 내면에 자리잡게 되어 스스로 무지의 세계로 인도하는 원인이 된다. 그 내면의 독초는 한번 자리를 잡게 되면 좀처럼 뽑히지 않는 강력한 생명력을 지니고 있다. 그래서 어느 분야에서든 최고의 업적을 이룬 거장들의 의견을 객관적 시각으로 그 의견에 대한 다양한 모습들을 보고자 하는 실천 속에 또 다른 창조해법을 찾을 수 있다.

우리가 다양한 모습을 보는 실천을 통해서 깊고 넓은 세계를 볼 수 있다는 뜻은 인식의 확장을 의미한다. 즉 우리는 창조적 지성들이 발표한 지적 결과물 속에 숨겨진 다양한 주제들을 종합적인 사고를 바탕으로 그들 저작의 진짜 의도에 접근하도록 노력해야 한다. 그러한 사유를 통해서만 그들의 작품 안에서 진정한 조언을 들을 수 있다. 어느 특정한 분야 혹은 하나의 주제에만 매몰되면 다른 중요한 이야기들을 놓치게 되고 더 이상 사유의 확장을 위한 재료들을 공급받을 수 없게 된다. 이러한 제한성을 가진 지식정보의 습득이 우리들이 목표를 달성하는 데 방해 요인으로 작용하게 된다.

창조와 융합의 본질이란 발생하는 현상과 대상 속에 또 다른 이야기가 분명히 존재하고 있다는 확신을 가지고 대상을 관찰하였을 때 평소에 보이지 않았던 현상의 본모습을 볼 수 있는 그 상태를 의미한다. 즉 대상과 현상을 세밀하게 관찰과 묘사를 할 줄 아는 능력과 함께 과거와 현재에 발표된 인류의 지적자산을 적절히 활용할 줄 아는 능력을 가져야 한다는 이야기이다. 그 시작은 자신이 지금 하고 하고 있는 일부터 출발하여 차츰 수행하고자 하는 일에 대한 생각의 영역을 넓힐 필요가 있다. 이 말은 지금 하고 있는 일의 다양한 면을 보도록 노력하는 것이 중요하다는 이야기이기도 하다.

발생하는 모든 일 안에 함유된 본질을 파악을 하면 그것과 연결하여 또 다른 지적줄기를 지속적으로 만들어 낼 수 있기 때문이다. 그 줄기는 또 다른 줄기와 가지로 연결이 되어 비로소 커다란 열매를 맺는 것이다. 지금 나에게 주어진 일에 대해서 매일매일 또 다른 모습을 보고자 하는 사고의 전환을 해 보라. 아이들처럼 순수한 마음으로 말이다. 그러면 그 일 속에 숨겨진 모습들이 보일 것이다. 그러면 그 일에 대한 필요한 지식 외에 더 많은 지식들이 그 일 안에 숨겨져 있다는 것을 볼 수가 있다. 이 것이 창조의 시작이다.

창조성을 발현하기 위해서는 내면 속에 순수한 사유에 방해가 되는 낡은 고정관념은 경계를 초월한 지식정보와의 지속적인 만남으로 제거되어야 하고 제거된 그 자리에서 오랫동안 지니고 있던 생각에 대한 의문이 생기는 그 상태가 창조 에너지가 발현되는 시작점이다. 끊임없이 읽고 보고 관찰하고 의문을 품어라. 그러한 노력이 축적될 때 사고의 수준이 갈수록 기발해지고 날카로워지며 창조적이 된다. 그러한 실천을 하는 과정에서 발생하는 시행착오와 실패를 두려워하지 않고 멈춤이 없이 앞으로 전진할 때 그 힘은 우리 내면에서 자동적으로 발산된다.

내면에서 창조적인 에너지를 자동적 발산을 시킨다는 그 자체가 우리들 내면에 새로운 습관을 만든다는 의미이다. 사실 융통섭적 사고를 위한 새로운 지식정보들을 지속적으로 학습하는 습관은 좀처럼 고착화되지 않기 때문에 일정기간은 기계적 반복이 필요하다. 그러한 자동화훈련이 자신의 몸과 마음에 완전히 정착을 하게 되면 자신이 수행하고 있는 일에 대한 새로운 모습을 보는 눈이 떠진다. 그때부터 생산적인 열정과 즐거움이 동시에 찾아오며 자신의 일을 즐거운 놀이처럼 하고 새로운 지식정보들을 습득하는 일들이 매일의 일상이 된다. 그렇게 되면 당연히 일을 잘할 수밖에 없고 동시에 성공적인 인생으로 삶의 질이 바뀌게 된다.

창조의 에너지는 타인과의 대화 이전에 자신과의 끊임없는 대화가 먼저 선행되는 과정 속에서 발현할 준비를 하고 그리고 타인과의 소통을 통해서 발휘된다. 창조적인 발상은 세상을 매일 낯설게 보고자 하는 시도에서 생겨나며 그렇게 낯설게 보여진 세계를 지속적으로 관찰을 하는 인내 속에서 창조적인 표현을 할 수 있는 능력을 스스로 발견한다. 그 능력은 세상을 인식하는 눈을 넓혀 가기 위한 훈련의 반복을 통해서 지속적으로 세상과의 보이지 않는 연결고리를 이어갈 수 있으며 그 가운데 세계의 변화를 통찰할 수 있다. 그 통찰의 결과는 당연히 창조적인 결과로 이어지는 것은 자명한 일이다. 이것이 융통섭적인 사고를 하는 방법이며 자신 안의 창조성을 깨우는 유일한 길이다.

융합은 개인 혁신을 이루는 힘이다

개인의 혁신은 내면의 잠재능력을 확장시켜 새로운 기술, 문화의 패러다임을 변화시키는 콘텐츠의 지속적인 생산을 하는 과정 속에서 자연스럽게 이루어지는 사건이다. 사실 자신을 혁신한다는 최초의 동기는 스스로의 생각과 행동의 불만족으로 인해서 연속적으로 발생하는 상황의 결과가 만족스럽지 못하고 불쾌한 감정이 느껴짐을 힘들어할 때 그 동기는 발생되며 그 느낌을 진실하게 알아차리는 훈련 속에서 일어난다. 많은 사람들이 이러한 훈련을 평소에 게을리 했거나 아예 그런 생각조차도 하지 않았기 때문에 진정한 혁신은 일어나지 않는 것이다.

우리들의 착각은 자신이 말하고 행동하는 것이 지극히 논리적이고 명료하다고 생각을 항상 하고 있는 그 자체가 큰 착각이다. 그러한 현상은 자신만의 생각스타일과 언어표현 형식에 스스로 도취되어진 심리적 병폐이다. 그래서 무의식적으로 학습되어진 자기도취의 병에서 먼저 탈출하는 것이 자신을 위해서 가장 먼저 시도되어야 할 과제이다. 제한적인 시각으로 자신의 겉모습만을 보고 그것이 자기 자신이라는 생각이 독단적이고 교만한 표현으로 이어져서 원하지 않는 결과를 초래한다.

불편한 삶은 제한적이고 단편적인 사고의 표현으로 벌어지는 어쩌면 지극히 정상적인 현상이다. 진정 좋은 상태는 창조성을 지속적으로 발휘하는 우리의 본성을 멈추지 않고 자극하는 일이고 그 실천으로 인해 자연스러운 개인 혁신이 일어난다. 개인 혁신을 통해서 괄목할 만한 성과를 진실하게 원한다면 편안함은 언제나 불편함을 동반한다는 사실을 먼저 인정할 때 혁신을 위한 다양한 방법이 생겨난다. 다양한 방법을 생각한다는 자체가 자신에게 벌어진 현상의 극복을 위한 것인데 진정한 극복은 융통합적인 사고의 훈련을 통해서 극적으로 괄목할 만한 실적으로 연결하는 것이다. 불편함의 진실은 세상이 변화를 위한 운동 과정 속에서 우리들에게 자극하는 현상을 통해서 우리에게 진실을 알려 주는 정보를 무시한 결과이기 때문이다. 그러한 진실을 외면한 채 자신만의 고집으로 현실을 이해하려는 헛된 노력이 오히려 과도한 감각작용의 오용으로 시시각각 느끼는 불편한 감정이 연속적으로 발생하는 것이다. 그 불편함의 이름을 우리는 두려움, 공포라고 부르기도 한다.

그래서 평범한 사람들은 혁신을 통하여 자신의 일에 대한 실적을 올려 오로지 편안하고 안락한 삶을 살기 위한 1차적인 바람인 물질적인 풍요를 누리는 것이 불편함을 해소하는 길이며 이것이 진정한 성공이라고 생각한다. 그것은 본능적인 욕망의 바람이지 혁신을 통한 진정한 성공을 한다는 의미를 이해하지 못한 것이다. 물질에 대한 개념은 누군가 창조적인 아이디어를 현실에 연결하여 실험한 결과가 긍정적으로 사회에 영향을 미치는 과정에서 벌어지는 보상의 가장 하위 단계일 뿐이다. 그 실적이 크든 작든 말이다. 진정한 혁신의 목적은 물질의 풍요에 있지 않고 이타심에 있으며 단지 물질은 자연스럽게 따라오는 사회적인 보너스일 뿐이다. 혁신은 '무(無)'에서 '유(有)'를 향한 창조적인 콘텐츠를 지속적으로 확산시켜 세계의 문화 패러다임 자체를 교체하고자 하는 거대한 목표를 실현하기 위한 시도를 하는 것이며 그러한 목표를 이루기 위해서는 자신을 강하게 믿는 내면적 힘에서부터 출발한다.

그 믿음으로 세계를 보는 자신의 인식능력이 확장되며 그 확장을 통해서 자연스럽게 세상의 이치를 꿰뚫어보는 통찰력을 가진다. 그 통찰능력은 단순한 감각작용에서 반응하는 원초적인 느낌과는 다르며 감각기관에서만 전달되는 정보들은 단순하게 생존하고자 하는 본능적인 행동을 위한 것이다. 따라서 통찰을 한다는 것은 1차적인 느낌을 초월하여 세계의 다양한 모습의 관찰을 통해서 존재하고 있지만 보이지 않는 세계의 새로운 모습을 볼 수 있는 눈을 가진다는 의미이고 그렇게 보여진 모습을 기록하고 세상에 긍정적인 공감을 얻고 실질적인 영향을 끼치는 것이 혁신의 실제적인 실천이다. 즉 혁신의 진정한 의미는 지금까지 내가 보고 느끼고 배운 모든 지식정보를 통해서 배운 것과 직접적으로 경험한 지식들을 꾸준히 갱신하는 행동이기도 하다.

자신과 세계가 서로 연결되어 있다는 넓은 세계관과 함께 그렇게 보여진 세계 속에 함유된 낡은 개념들을 찾아 끊임없이 갱신하는 작업을 하는 것이 혁신의 참의미이다. 혁신적인 생각과 함께 창조의 행위를 수행하기 위한 구체적인 방법은 전적으로 자신의 내면 안에 있다.

외부의 자극으로 인한 자신 안에서 촉발된 반응은 개인의 지성적인 역량에 따라 해석이 다르며 지극히 주관적일 수밖에 없는데 그 주관성은 이미 만들어 놓은 타인의 생각의 결과와 연합하여 자신 안의 주관성의 틀에서 계속 초월하려는 노력 속에서 혁신의 에너지가 생산된다. 즉 혁신을 위해 필요한 정보는 모두 내 안의 본래의 기질을 극복하려는 실천 속에 있다. 다시 이야기하면 존재하는 모든 것에 대한 의심을 하는 가운데 그러한 결과물 속에 숨겨진 본모습을 이해하고 동시에 또 다른 새로운 지식정보들과 지속적인 연결을 통해서 새로운 모습으로 그 형태가 변화되어 또 다른 모습의 창조적인 콘텐츠를 탄생하게 할 수 있다.

창조적 에너지의 발현은 스스로 발현되지 않고 수동적으로 다양한 고리를 연결하려는 노력을 필요로 한다. 그 연결고리는 지적 역량의 '축적'을 통해서 가능하게 되며 내면의 창조적 잠재력을 활성화시키는 데 매우 중요한 원재료이다. 축적된 원재료는 적절한 혼합을 필요로 하는데 그 혼합은 사유를 통해서 가능하고 동시에 몰입할 수 있는 뇌력에 의해서 축적된 지식정보가 안정적으로 혼합되는 것이다. 그렇게 혼합된 지식정보는 새로운 모습으로 탈바꿈하게 된다. 이렇게 적극적으로 자신을 초월하는 사유를 통해서 혼합된 지식정보가 바로 융통섭화된 지식정보이고 이러한 과정을 통해서 혁신적인 작품들이 탄생하게 되는데 이러한 작품들을 지속적으로 세계에 알리는 사람이 창조적인 인재이며 그 창조성은 끊임없는 에너지의 원천인 자신 내면의 혁신 속에서 발현된다.

창조적 융합과 생존의 관계

강한 자가 살아남는가 살아남는 자가 강한 자인가? 이 질문은 우리들에게 익숙한 질문이기는 하지만 필자의 생각으로는 후자 쪽이 더 강한 사람이라고 생각한다. 만약 강함에 대한 단어에서 무엇이 연상되냐는 질문을 보통 사람들에게 했을 때 그들의 두뇌 속에서 연상되는 그림은 아마도 육체적인 힘을 통한 상대의 제압과 같은 물리적인 힘을 강함의 의미로 연상하는 사람들이 대부분일 것이다. 물론 그렇게 연상된 강함에 대한 이미지 역시 맞는 표현이다. 그렇다면 강한 행동 속 의미에는 단순히 순간적이고 물리적인 힘을 이용하여 상대를 제압하고 승리하고자 하는 본능적인 시도만이 작용할까? 강함의 진실한 의도 속으로 우리는 한 발 더 나아가 생각을 해 볼 필요가 있다. 필자의 생각으로는 이러한 강함 속에는 단순히 육체적으로 상대와 부딪히는 본능적인 시도 속에는 미숙한 설득의 뜻이 담겨져 있다고 생각한다.

우리는 동물처럼 본능만을 사용하여 원하는 것을 얻는 그런 존재가 아니라 본능을 제어할 수 있는 이성능력도 같이 가지고 탄생한 존재이기 때문이다. 그래서 우리 안에는 언제든 사용할 수 있는 이성의 능력을 이용해서 타인과 대화를 통해서 적절히 합의점을 이끌어 서로 상생할 수 있는 설득의 힘을 원래부터 가지고 있다. 그러나 많은 사람들이 본능적인 힘만으로 타인에게 자신이 지향하는 욕구를 충족시키기 위해서 육체의 감각적 센스만을 스스로에게 요구하는 원인은 단순한 물리적 힘만을 이용해서 원하는 것을 얻어 내는 1차원적 방법만을 학습해 왔기 때문이다. 내면 속에 합리적인 사고를 통한 자연스러운 설득을 할 수 있는 힘이 많이 축적되지 않았기 때문에 타인과 미숙한 관계를 맺게 되는 것이다. 이러한 미숙한 강함은 강함이 아니며 거시적으로 볼 때 자신의 인생에 커다란 손해를 끼칠 수 있는 위험한 힘이다. 육체적인 힘은 때로는 순간적인 강한 힘을 사용할 만한 사건들이 가끔 생길 때 사용할 수 있겠지만 그보다는 우리 육체 속에 축적된 힘은 정신의 힘과 연합되었을 때 사실상 온전한 힘을 발휘할 수 있다. 모두 알고 있는 사실이지만 정신의 힘이 빠진 육체 안에 축적된 힘은 유한하다. 우리가 가진 힘을 오래도록 사용하기 위해서는 순간적으로 발산하는 육체의 힘을 통제하여 그 기운을 온몸 전체로 순환시킬 수 있는 동력으로 사용할 때 우리들의 생명력을 연장시키기 위한 가장 근본적이고 강한에너지를 몸과정신에서 생산 할 수 있다.

순간적인 힘만을 사용함은 에너지 순환의 원리를 역행하는 일이며 그것은 우리들의 육체가 진정으로 요구하는 바도 아니기 때문에 그 힘은 빠른 속도로 방전되고 육체와 정신의 퇴화가 빠르게 진행된다. 그래서 우리는 진정한 강함을 지속하기 위해서는 우리 안의 에너지를 육체와 정신에 골고루 순환시켜야 하는데 그 순환을 원활히 하기 위해서는 어떠한 기준이 필요하다. 그 기준은 사고의 단순화 작업이다. 사실 순간적으로 폭발적인 힘을 쓸 수밖에 없는 일이 가끔 생길 수 있지만 습관적으로 폭발적인 힘을 분출하는 것은 심리적인 복잡함에서 비롯된 것이다.

그래서 우리는 육체와 정신의 에너지가 원활한 순환작용을 하기 위해서는 가장 중요한 한 가지만을 집중적으로 생각하는 습관이 필요하다. 왜냐하면 복잡한 심리 상태까지 감당할 만한 힘이 본래 우리에게 없는 그런 약한 존재이기 때문이다. 그러한 약한 힘을 가진 존재인데도 불구하고 우리는 자신을 심적 혹사를 시켜 스스로를 무너뜨리는 일을 일상으로 한다. 이러한 사실을 진정으로 이해했을 때 내 몸과 정신 안의 에너지 흐름은 자연스럽게 순환이 된다. 즉 한 가지 생각의 지속적인 연습은 자신 안에 쓸 수 있는 에너지의 힘을 적절히 몸과 정신에 배분하면 우리 안에 평화로움이 찾아오는 보너스를 얻는다. 그 보너스는 또 다른 복리 이자를 낳게 되는데 그것은 창조적인 발상을 할 수 있는 능력을 가지게 되는 것이다.

창조적인 발상으로 세계에 긍정적인 변화를 일으키는 지식정보를 지속적으로 표현할 수 있다는 것은 자신의 인생 퀄리티를 지속적으로 높일 수 있도록 단련되는 가운데 벌어지는 현상이다. 다시 이야기하면 진정한 강함은 자신 내면에 창조적인 에너지를 원활히 사용할 수 있는 가운데 생기는 것이다. 즉 세계에 혁신적인 변화를 일으키는 창조적인 콘텐츠를 발표하고자 하는 의지를 통해 내면의 힘에 의한 기발한 상상의 그림을 매일 그리는 가운데 자신을 초월한 아이디어가 발현되고 그것을 외부에 지속적인 표현을 한다면 우리는 뛰어난 지적혁명가들의 대열에 서게 된다. 그러한 창조적인 내면운동을 실천하는 그 자체가 진정한 강함이다.

세계의 변화를 이끌어 내는 능력을 가진다는 진정한 의미는 물질과 명예의 욕망 같은 우리 안에 생존을 위한 본능을 충족시키는 1차적인 욕구 해결을 위함이 아니라 우리가 진정으로 간절히 원하는 행복과 평화로움을 얻기 위한 삶을 살기 위함이다. 부와 명예는 평화로운 삶을 살기 위한 도구일 뿐이지 절대적으로 우리들의 삶을 좌지우지할 수 있는 그런 것은 아니다. 본능적인 욕망만을 추구한다는 것은 순간적이고 물리적인 힘을 수시로 요구하기 때문에 자칫 우리들의 삶을 황폐화시킬 수 있는 원인이 되기도 한다. 부와 명예는 창조적인 사고를 통한 자신의 혁명 속에서 자연스럽게 생기는 부산물일 뿐이다. 그렇게 생긴 부산물은 우리들이 다음 창조적인 작업을 위해서 필수적으로 사용될 도구일 뿐이다. 다시 말해서 부와 명예는 단순한 성공의 상징이 아니라 다음 작업을 위한 도구로 사용될 때 부의 진정한 의미가 있다. 의미있는 '부'의 사용으로 우리는 창조적인 에너지를 지속적으로 생산하게 되는 능력을 가지게 되며 세계에 획기적인 콘텐츠를 지속적으로 발표할 수 있는 밑거름이 된다. 그러한 물질과 정신의 균형을 조화롭게 유지하는 사람이 진정 강하다고 할 수 있다.

　강함은 지속적으로 사유훈련을 하는 가운데 그 힘을 유지할 수 있다. 그 힘의 유지는 내면 에너지 흐름의 조화와 균형만을 필요로 할 뿐이다. 조화와 균형은 창조의 다른 이름이기 때문이다. 조화와 균형은 어느 한 부분도 결핍함을 유지해서는 안 되며 결핍의 신호가 우리 내면 안에 자극을 주면 즉시 필요한 지성력을 요구하는 재료들을 보충해 주어야만이 내면의 힘의 조화와 균형을 스스로 맞출 수 있다. 그것이 강함을 유지하는 방법이며 우리들 정신과 육체의 힘을 안정적으로 사용할 수 있는 길이다. 사실 우리들의 삶을 평온함으로 이끄는 데 핵심적인 에너지인 창조성의 본능을 사용하는데 가장 큰 적은 고정관념과 선입관이다. 그 적들은 우리들 의식의 빙산 위에서 수시로 분출되는 감각에너지와 서로 만나 우리 두뇌 속에서 망상의 그림을 끝없이 생산한다. 그 그림은 우리들이 현실에서 경험한 정보를 오류분석으로 이끌어 난감한 현실을 만들어 내는 주 요인으로 작용한다. 그것은 우리들이 보고 듣고 맛보는 등 우리들의 감각기관에서 촉발된 하급 정보이며 이 정보는 수시로 변화하며 감정과 연합하여 종종 근거 없는 논리를 펼치는 가짜 창조인을 양산하는 결과를 만들기도 한다. 이 역시 우리 인간만이 가지고 있는 탁월한 능력이지만 말이다.

망상은 좋음과 나쁨의 이분법적인 분별을 단어 속에 항상 함유하고 있지만 창조성은 좋음과 나쁨을 초월한 또 다른 에너지이다. 창조성은 우리들이 가진 생명의 본래 에너지이며 창조는 우리 본래의 에너지와의 의식적인 접촉을 통해서 무(無)에서 또 다른 형태의 지식정보를 생산하는 주 원인이 된다.

따라서 자신을 찾는다는 것, 자신을 안다는 그 자체가 창조를 위한 근본이며 스스로에게 대자유를 주며 자신을 가르치는 최상의 배움터이다. 그곳이 바로 자신만이 가진 최상의 콘텐츠 생산의 원천이며 그곳의 힘에 의지하여 자신이 본래 가진 창조성을 깨우기 위한 지식정보의 균형 있는 섭취를 하면 우리 안의 창조에너지를 끌어낼 수 있다.

우리는 매일매일 원하든 원하지 않든 자기 자신을 혁명하고 있다. 그 결과가 좋든 나쁘든지 간에 말이다. 우리들이 하루하루 생존한다는 자체가 수많은 지적능력을 필요로 하고 있기 때문이다. 그 지적능력이 없다면 우리는 내일을 살 수 없는 하루살이 인생과 별반 다를 것이 없기때문이다. 사실 우리가 오늘을 살고 있다는 자체가 매일의 자기혁명이 없으면 불가능한 일임을 우리가 자각을 하지 못할 뿐 혁명은 매일 우리에게 일어나는 일이다. 그래서 자기혁명은 대단한 사람들만이 하는 것이 아니라 우리가 매일 하고 있는 평범한 일상이다. 다만 우리들 삶에 주어진 과제의 퀄리티를 높이기 위해서 어떠한 창조적 수행을 할 것인가에 대한 문제만 있을 뿐이다.

삶의 퀄리티를 높인다는 것은 특별한 의지를 필요로 한다. 창조는 삶의 퀄리티를 높이는 데 결정적으로 필요한 요소이며 본래 우리가 해야 할 임무임을 인식해야 한다. 이러한 인간만이 가진 고유한 업무를 기피할 때 그 삶은 본능적이고 순간적 힘을 매번 써야 하는 고달픔에서 벗어날 수 없을 것이다.

따라서 우리는 지속적으로 개혁과 성장을 하기 위해서는 의식의 수준을 높여야만이 우리 삶의 내용을 알차게 만들 수 있고 그러한 삶을 유지하는 가운데 본래 우리들이 부여받은 삶의 의무를 다할 수 있는 것이다. 그 의무를 수행하는 가운데 우리는 세계와 우리가 서로 연결되었다는 사실에 대한 인식의 확장을 가능하게 하며 동시에 그 흐름을 정확히 읽어 내는 통찰력이 생긴다.

융통섭하는 사고를 한다는 것은 본래의 나, 즉 창조적 능력을 가진 자신의 본모습을 지속적으로 만난다는 이야기이며 그러한 만남을 위해서는 지적재료를 동반해야만 한다. 그 재료는 광범위한 지식정보 습득을 의미한다. 그러한 균형 잡힌 훈련을 통해서 우리들이 세계를 보는 안목은 넓어지며 발생하는 현상이나 대상의 다양한 면을 볼 수 있는 능력이 상승된다. 이 길이 자신의 삶을 스스로 창조해 나가는 최고의 방법이며 이러한 노력의 지속을 통해서 우리 모두가 진정으로 원하는 성공한 사람의 모습이 될 것이다.

상상력의 실체

새로운 발상을 하기 위한 가장 중요한 실천은 지식정보기반 상상력 훈련이다. 지식정보기반 상상력을 훈련해야 하는 이유는 좁은 세계관으로 세상을 판단하는 오류를 범하지 않기 위해서이다. 가장 어리석은 생각의 촉발은 자신이 경험한 것들 혹은 자신의 전공만을 신봉하고 다른 지식정보들을 자신이 지금 수행하고 있는 일과 현재 관련이 없다는 이유로 외면하는 행동은 자신의 창조능력을 소멸시키는 내면의 자살행위이다. 포괄적이고 깊은 지식정보들을 최대한 많이 습득한다는 것은 생각할 수 있는 주제의 영역을 넓힌다는 의미이다.

주제의 영역을 넓힌다는 것은 다양한 주제의 지식정보들을 통한 사유를 끝없이 확장한다는 이야기이다. 이것이 융합적이고 통섭적인 사고이다.

뛰어난 상상력은 다양한 분야에서 창조적인 작품과 필연적으로 연결되는데 그 작품이 우리들이 아는 예술작품뿐만이 아니라 인류의 정신을 바로 세우고자 하는 사상체계들 그리고 뛰어난 과학 기술일 수도 있다. 이러한 다양한 분야에서 창조되는 새로운 작품들 탄생의 바탕에는 자신을 초월하는 상상력의 힘이 존재한다. 상상력의 출발은 내 자신과 세계에 대한 의문을 품는 것에서 출발된다. 따라서 그러한 의문을 갖는다는 것은 지금 나와 세계를 객관적으로 연결하여 바라보는 내면의 눈을 통해서 세상의 변화를 이끌기 위한 작품을 만들기 위함이며 더불어 창조적인 사람들의 대열에 합류하여 그들과 같은 탁월한 결과를 만들기 위함이다.

그렇게 하기 위해서는 지속적인 지식정보의 습득은 필수재료가 된다. 다양한 분야의 지식정보 습득은 자신 안에 상상력과 혼합되어 기발한 아이디어로 다시 만나게 되기 때문이다. 다시 말해서 타인이 먼저 만들어 낸 글 혹은 작품을 먼저 보고 읽는다는 것은 내 안에 다양한 경로의 생각 분출구를 만들어 나간다는 것이고 이 분출구에서 생성된 생각들이 서로 융합될 때 자신도 몰랐던 창조능력을 자신의 눈으로 체험하게 되는 것이다. 동시에 자신의 일에 대한 영역을 확장할 수 있는 기회를 스스로 만들 수 있다.

우수한 결과를 만들어 내는 근본은 자신의 내면 안에서 지속적으로 활동하는 현상의 다른 모습을 보기 위한 생각의 활동모습을 보고자 하는 의지와 움직이는 생각의 모습을 매일 그려 보는 작업 속에서 현상의 의문이 해결되며 이 과정을 지속적으로 유지하기 위해서는 꾸준한 지식정보의 섭취를 스스로에게 요구할 수밖에 없다. 또한 보석 같은 아이디어를 발현하기 위한 상상력의 분출을 위해서는 순수한 욕망과 함께 심플한 생각을 하는 습관 역시 빠질 수 없는 요건이다.

우리가 경계 없는 새로운 지식 체계를 끝없이 넓혀 가기 위해서는 오직 지금 진행하고 있는 주제와 관련된 생각의 줄기를 뻗어나가는 것 이외의 생각들은 즉시 보류 또는 폐기를 시켜야 한다. 왜냐하면 우리가 특별한 주제에 대한 생각을 할 때 내면에서 수시로 피어오르는 생각중에 많은 부분은 습관적으로 작용하는 감각기관에 의한 것이기 때문이다. 사실 감각기관의 작용은 우리가 외부현상의 겉모습에서만 즉시 감각되고 의식 겉에서만 작동할 뿐이다. 그 의식의 작용은 자신의 과거와 현재의 삶을 통해서 자신만이 경험되었던 짤막한 스토리에 현혹되어 미래에 경험될지 안 될지 모르는 확실치 않는 사실을 과거와 현재의 경험에만 비추어 망상하는 현상을 발생하게 만든다. 즉 이러한 병적 작용으로 인해서 자신이 경험한 삶 속에서 벌어진 사건에 대한 감정의 대립 혹은 후회 등으로 지금 진행하고 있는 과제에 대한 상상과는 거리가 먼 일을 두뇌 속에서 생각을 일으킴으로써 탁월한 실적을 만들어 내는 데 방해 요인으로 작용을 한다.

뛰어난 상상력을 발휘한다는 것은 오직 내가 진행하고자 하는 일에 대한 주제와 관련된 생각들을 광범위하게 하는 것이다. 대부분의 사람들은 상상과 망상에 대한 구별을 하지 못하기 때문에 탁월한 생각들을 밖으로 도출시키지 못하는 것이다. 망상은 정신병리학적으로만 사용하는 단어는 아니다. 그 망상의 깊이에 따라서 병적인 증세를 보이는 경우도 있으나 일반적인 사람들이 자주 하는 잡념 같은 것도 일종의 망상의 증세에서 만들어진다고 본다. 깊은 망상병에 빠진 사람은 살아가면서 다가올 수많은 일을 미리 걱정하고 두려워하며 과거에 일어났던 좋지 못한 경험을 떠올리기까지 하여 마음속에서 스스로 부정적인 상황을 만들어 홀로 상상의 영화를 촬영하며 괴로워하고 더욱 깊은 부정적 감정에서 빠져 헤어나오지 못하여 자신의 일을 망치는 원인으로 작용하게 된다. 이러한 병이 깊어지는 이유는 삶 속에서 경험한 내용들 중 불편한 상황이 벌어지는 일의 대부분의 원인인 잘못된 사고 습관을 교정하지 않았기 때문이다. 즉 부정적인 상황이 벌어졌는데 그 일이 발생한 원인을 알기 위한 깊은 사유를 통해서 문제를 해결하지 않고 과거 사고습관대로 일을 시도하는 과정에서 계속 같은 문제가 발생하는 것이다.

자신의 잘못된 사고습관은 삶 속에서 필연적으로 발생하는 외부와의 충돌 과정에서 지속적으로 부정적인 생각들이 올라오게 되는데 이러한 잡념에 빠져 순간적으로 잘못된 선택을 하는 경우가 많이 발생하게 된다. 물론 사람이라면 누구나 가지고 있는 우리 내면의 자연스러운 기능이지만 탁월한 실적을 만들기 위해서는 제거되어야 할 나쁜 사고 습관이다.

모든 일이 그러하듯 상상력 또한 성실을 필요로 한다. 왜냐하면 내면의 고정관념을 없애야만 자신을 초월한 생각을 할 수 있고 이러한 작업은 지속적으로 할 수 있는 특별한 힘이 필요한데 그 힘은 성실한 실천에서 나오기 때문이다. 동시에 다양한 지식정보들을 꾸준히 직무와서로 관련되었거나 다소 이질적인 정보들과의 연결은 자신의 일을 수행하는데 가장 중요한 요소이며 이 정보들을 연합하고 보류하는 사고작업은 성실성을 가지지 않고서는 수행하기 힘든 일이다.

다양한 정보들의 연결성을 통해서 우리들의 상상력은 무한대로 증폭되며 창조력을 통한 결과물을 탁월하게 하는 결정적인 역할을 하기 때문에 매우 중요한 사고작업이다. 우리가 상상력을 발휘한다는 것은 순수성의 표현이며 그것은 어떠한 현상에 대한 본질 그 자체에서부터 출발을 해야만이 우리들이 진정으로 상상하고 있다고 말할 수 있는것이다. 따라서 순수한 상상력을 통해서만이 창조성이 발현되고 동시에 우수한 성과를 기대할 수가 있다. 그래서 자신 안의 한계를 벗어나면 벗어날수록 우리들 내면에서는 오히려 더욱 기발한 아이디어를 만들어 줄 것이다.

Chapter 2

창조적 인재가
되기 위한 조건

신문화 창조와 융합

　신문화를 창조한다는 것은 인류 문명의 변화를 추구하는 탁월한 사람들의 대열에 합류하여 세계의 변화과정에 대한 새로운 역사를 쓴다는 이야기이다. 역사를 쓴다는 것은 우리들이 오래도록 가지고 있었던 문화의 패러다임을 지속적으로 변화를 일으키기 위하여 끊임없이 진화된 정보를 축적하여 인류문명 발전의 도구로 환원하여 인류의 삶을 혁명적으로 바꾸는 일을 시도하는 일이다.

　지금까지 신문화의 변화를 시도한 사람들의 공통점은 대상을 바라보는 시각이 매우 입체적이며 광범위한 눈을 가진 사람들이었다. 또한 다른 사람이 이미 발표한 자료를 통해서 또 다른 창조적인 상상의 줄기를 연결하여 새로운 열매를 맺도록 스스로의 내면과 의식적인 접촉을 꾸준하게 하는 내면의 작업인이다. 그러한 작업은 오로지 순수한 열망과 성실만을 필요로 하고 세속적 욕망은 뒤로 보류하는 마음의 여유를 가지고 있는 사람들만이 새로운 변화를 일으킬 수 있는 창조적인 콘텐츠를 만들 수 있었다.

　그러한 창조적인 작업의 출발은 자신의 일에 대한 순수한 즐거움 그 자체부터 시작한다. 순수한 즐거움이란 항상 '왜?'라는 질문을 하는 그 자체를 즐거워하는 기분의 상태이다. 왜냐하면 순수한 즐거움을 유지하기 위해서는 지속적으로 창조적인 느낌을 향상시켜야 하는데 그 기분은 외부현상에 대한 다양한 면을 유심히 관찰하는 과정에서 계속 분출된다.

아이들이 놀이를 하는 것을 유심히 보면 똑같은 놀이를 하는데도 놀이에 대한 다양한 규칙을 만들어 내고 그 놀이방법에 대한 다양한 형태를 자연스럽게 변화시키는 이유는 즐거운 기분을 연장시키기 위함이다. 마찬가지로 우리들이 어떠한 일을 수행을 할 때에도 잡다한 생각을 멈추고 오직 이루고자 하는 일에 대한 주제만을 가지고 아이들처럼 그 일을 하나의 놀이처럼 가지고 논다면 새로운 즐거움을 맛보게 되고 그 즐거움을 연장시키기 위해서 그 일에 대한 다양한 면을 관찰하는 과정에서 자연스럽게 즐거움을 느낄 수 있다.

이렇게 자신의 일에 대한 주제에서 계속적으로 사유의 깊이와 넓이를 연속적으로 초월하게 되면 자연히 세상의 깊은 이치와 만날 수밖에 없는 것이다. 이러한 실천이 융통섭적인 사유의 실천이라고 할 수 있다.

문화창조를 한다는 것은 새로운 콘텐츠를 계발하는 일이다. 그 주제는 다양하고 끝없이 넓다. 이해할 수 없는 자연 현상이나 우주 그리고 인간 등 우리가 창조적인 눈으로 대상을 바라보면 그 주제는 무궁무진하다. 그 주제 역할의 끝은 우리들에게 편리함과 이로움을 주는 획기적인 기술의 계발과 새로운 사상체계들 그리고 탁월한 예술작품 등으로 표현될 것이다. 끊임없이 대상에 대한 의문을 품고 다양한 모습을 지식정보와 함께 그 대상 혹은 현상을 우리 눈에 보이도록 구체화하는 작업을 멈추지 않는 것, 이것이 바로 융합을 통한 창조적인 콘텐츠를 생산하는 일이다.

이렇게 구체화된 콘텐츠는 대중의 공감을 이끌어 냈을 때 그 효력은 시작된다는 사실을 이해하는 것 또한 중요하다. 융합과 창조관계의 성립은 존재하고 있는 모든 것들에 대한 우리가 이미 알고 있는 상식을 다른 방향에서 재조명해 보는 가운데 그 관계는 서서히 친밀해진다. 다시 말해서 창조적 발상의 열매는 융합과 창조 관계의 끈을 놓지 않고 지금 내가 보고 있는 세상들 속에서 발생하는 그 현상 속에서 다양한 이야깃거리를 찾아내는 작업에서 열린다. 현상 속의 다양한 이야기를 찾아내고 그 이야기와 함께 또 다른 새로운 이야기로 구성하는 것, 그것이 창조이다.

그래서 창조적인 사람들은 그 현상 속의 새로운 모습을 우리들에게 이야기해 주는 작가들인 것이다. 글을 통해서, 미술작품을 통해서 그리고 첨단 과학기술 등 다양한 분야를 통해서 말이다. 또한 새로운 창조의 조건은 기존의 장르를 혁신적으로 대체할 수 있는 그러한 조건을 충족했을 때 그 작품은 창조성을 인정받을 수 있는 것이다.

똑같은 분야의 일을 하고 있다고 하더라도 창조성을 가지지 않고 같은 일을 발전 없이 매일 반복하고 또한 이 일 저 일을 적당히 연결하여 간판만 바꾼다고 융합이 아니다. 창조 속에는 반드시 혁신적인 아이디어가 포함되어 있어야만 하는 세계와 암묵적인 필연 조항을 가지고 있다. 그러한 획기적인 아이디어를 세계는 언제나 우리에게 갈구하고 있다. 누구도 생각하지 않는 그런 창조적 이야기들 말이다. 우리들이 사는 세계는 언제나 다양한 장르의 이야기들의 축적으로 만들어졌고 앞으로도 그럴 것이다.

그러한 창조적인 작품의 생산은 무한 순환의 속성을 가지고 있고 그것이 역사를 만든다. 따라서 무한순환은 끝없는 확장성의 특징을 가지고 있고 그것이 역사창조이며 그 최초단계는 우리의 의지로부터 시작한다. 다시 말해서 강박적인 정신적 노동과 과격한 육체노동에만 힘겨운 적응을 하려 하는 그런 힘든 삶 속에서는 창조의지가 생기지 않으며 도리어 역사의 부속물로 존재할 뿐이다. 역사창조의 주체로써 살고 싶다면 언제나 삶과 자신의 일 그리고 세계의 호기심을 끊을 수 없는 즐거운 놀이가 되었을 때 그 사람은 역사를 주관하는 또 한 사람이 되는 것이다. 이러한 놀이꾼을 우리는 거장이라고 부른다. 그러한 거장들은 자신 안의 모습 속에 감추어진 또 다른 자신의 다른 모습을 발견하는 것으로 출발하여 새롭게 발견한 자신의 내면의 눈을 통해서 매일 똑같아 보이는 일상에서 신세계를 보는 작업을 멈추지 않았던 사람들로써 그들의 지속적인 관찰의 결과에서 혁신적인 아이디어의 보물들이 내면 속에서 쏟아져 나왔다.

그러한 내면의 눈을 가진 사람들은 오로지 보고자 하는 대상 그 자체의 진실된 모습들만을 관찰하고 그 외에 잡다한 이성적, 관습적 문법언어 같은 우리들의 편리를 위해서 만들어 놓은 논리적인 기호들을 일단 배제한다. 즉 보고자 하는 대상을 오로지 축적된 관련 지식정보를 기반으로 한 상상력을 이용하여 내면에 그림으로 그려진 이미지를 글이나 숫자 같은 다양한 기호를 활용하거나 새로운 기호를 만들어 자신만의 언어로 승화하게 한다. 이러한 언어의 모음이 창조적인 콘텐츠가 된다.

그래서 신문화 창조는 이질적인 문화적 관계들이 서로 상호작용을 하여 또 다른 모습으로 변하는 속성을 가지고 있다. 그 변화는 다양한 분야에 새로운 원칙으로 적용됨을 전제로 하며 그 용도는 언제나 정해져 있다. 정해진 용도는 변화하는 세계 그 자체의 동력으로 사용되어진다. 변화가 일어나는 시기는 우리들이 불편하게 느끼는 일상이나 합리적이지 않는 제도 등에서 사람들은 그 불편함을 해소하기 위한 또 다른 도구 또는 제도 등을 생각해 내는 그때에 변화가 일어나기 시작한다. 왜냐하면 불편함을 참지 못하는 것이 우리들이 본래 가지고 있는 본성이기 때문이다.

따라서 우리 삶에 불편함을 느끼게 하는 그 대상 혹은 현상을 교정하려는 목적으로 탁월한 사람들은 그 계획도를 그리기를 멈추지 않는다. 그러한 작업에서 탄생되어진 새로운 원칙 혹은 기술 등은 이미 정해진 자리에 조립되어지기 위해서 탄생하고 다음의 변화를 준비하는 연속성을 가지고 있다. 그러한 불편함을 해소하려는 목적을 가지고 제작된 새로운 설계도는 일반적인 사람들의 눈에는 현상의 변화 인식을 깊이 하지 못하기 때문에 그러한 설계도를 제작할 엄두도 내지 못하지만 벌어진 현상에 대한 사실을 깊이 이해한 사람들은 창조적이고 융합적인 눈을 통해서 세계의 변화를 꿰뚫어 보는 통찰력이 있기 때문에 획기적인 콘텐츠를 창작할 수 있는 것이다.

그렇게 내면에서 그려진 작품은 외부에 구체적이고 논리적으로 표현하는 단계 역시 거쳐야 한다. 즉 내면에 그려진 이미지를 구체성이 있고 논리적인 표현이 서로 유기적으로 순환되어야만 진정한 창조작업을 했다고 할 수 있다. 그러한 순환을 통해서 사물을 보는 통찰력은 더욱 깊어지며 그 힘의 영향으로 인해서 지속적으로 새로운 창조영역이 확장되는 주 원인으로 작용을 한다. 즉 사고 훈련의 꾸준한 실행과 지식정보와의 자연스러운 융합을 통해서 새로운 아이디어를 생산하는 사람들이 문화 패러다임의 변화를 일으키고 사회에서 진정한 영향력을 발휘하는 사람이다.

21세기가 요구하는 사람들

21세기는 아날로그 기술문화의 축적을 바탕으로 디지털 기술이론을 본격적으로 적용하기 위한 실험의 정점으로 향해 가고 있는 시대이다. 디지털 기술의 정점은 세계 속에 다른 문화를 만들기 위한 준비가 끝났을 때 새로운 기술의 진정한 모습으로 우리들의 눈앞에 현상되어질 것이다. 다시 이야기하면 21세기는 다음 세기에 완전하게 확장된 디지털 기술을 사용하기 위한 관련된 이론과 기술을 축적하는 시기라고 볼 수 있다.

과거 산업혁명 시대 이후 100여 년간 축적된 기술을 적극 활용한 지금의 첨단 기술 과학문화로 큰 변화를 이루었듯이 앞으로의 100년간은 디지털 기술을 이용한 과학기술문화의 또 다른 변화를 이끌어 내기 위한 관련 지식정보의 최고점에 이를 것이다. 이러한 첨단 기술문화 발전의 배경에는 우리들의 창조적 사고력을 필요로 한다.

사실 우리들 문명 발전의 배경은 인간이 본래 가지고 있는 통합적 사고능력 때문이다. 그렇게 인류의 문명은 끊임없는 진화를 거듭하여 왔고 앞으로도 그렇게 될 것이다. 우리들 모두 그러한 능력을 가지고 있고 새로운 지식정보를 활용할 수 있는 힘을 가지고 있기 때문이다. 다만 그 능력을 적극적으로 사용하는가 하지 않는가의 문제이며 그 능력을 통합적으로 활용하는가 아니면 부분적인 활용만을 하는가에 달려 있을 뿐이다. 이러한 본능적인 능력을 융합적 통섭적 사고라고 이름을 지었지만 그 능력은 언어의 영역을 초월한 본래 끊임없는 확장성만을 가지고 있다.

우리가 해야 할 일은 그 사고의 넓이와 깊이를 무한대로 향하기 위한 지속적인 훈련의 시간을 축적시키려는 인내와 의지의 에너지만 필요할 뿐이다. 그 무한한 확장성을 가진 에너지를 깊이 이해하고 그 무한한 힘을 적극 활용하는 사람들은 현실적으로 소수이며 그 소수들이 현상을 바라본 독특한 통찰의 결과에 의해서 대중들에게 과대포장된 특수한 능력으로 변한것이다. 그러한 특별한 능력은 스스로 틀을 만들어 사고의 운동을 스스로 제약시키는 습관에서 생겨나지 않는다. 그 사고의 힘은 관념의 틀을 끊임없이 부숴 나가는 과정에서 발생한 자신의 사고능력의 유연성과 함께 기발한 아이디어를 생산하는 힘의 본질이 된다.

그 아이디어는 존재하는 사상과 기술을 초월하여 현재 모두가 공감하는 최상의 경지로 끌어올리는 형태로 외부에 표현하게 된다. 이러한 사고력을 가진 소수들은 불합리한 인류 문화를 변화시키려는 의지가 강한 사람들이며 그러한 능력을 가진 사람들을 세계가 간절히 필요로 한다.

이러한 능력의 소유자는 앞으로 더욱 요구되는 것은 당연한 일이다. 왜냐하면 우리는 생존의 본능과 함께 편리하고 풍요로운 삶을 살고자 하는 희망을 잃고 싶지 않기 때문이다. 사실 그 본능과 욕구 때문에 우리는 지금의 문명을 이룩했기에 오히려 세계가 그러한 창의성을 가진 사람을 요구한 적은 없을지도 모른다. 그 이유는 세계가 바로 우리 자신이고 우리 자신이 바로 세계이기 때문에 요구하고 말고 하는 일이 없는 것이 당연하기 때문이다. 다만 대부분의 사람들이 불합리한 제도 혹은 기술에서 불편한 영향을 받는 것을 싫어하지만 그것을 바꿀 수 있는 사람들은 언제나 소수 그룹이며 단지 우리에게 선택권만을 가지고 있을 뿐이다. 소수의 기획자가 되든가 아니면 싫든 좋든 정해 놓은 법칙을 따라가든가 하는 선택 말이다.

그래서 창조적 인재는 극도의 이타적 이기심을 가진 사람들이다. 그들은 대중의 불편함이나 불합리한 요소들을 제거해 주는 일 자체를 숙명적으로 수행하는 즐거움을 아는 사람들이고 동시에 그 일을 통해 대중에게 사랑받고자 하는 자신의 인정욕구를 충족시키기 위한 자발적인 노력을 하려는 인생을 선택한 지혜로운 사람들이다. 그래서 창조성을 가진 인재는 세계의 요구와는 별 상관이 없이 자발적으로 발생한 인정욕구 때문에 탄생했을 뿐이다.

그들의 열정으로 만들어 낸 진화된 첨단기술을 도구를 활용한 문명 발달의 효과를 평범한 우리는 잠시 동안 인식하고 사용하는 일시적 현상이다. 창조적인 사람이 된다는 것은 우리 모두 영원히 윤택하고 편리한 삶을 살기 위한 가장 이상적인 방법을 연구하고자 하는 인생을 선택한 것뿐이다. 그러한 인생을 선택한 사람은 창조성이 있는 새로운 콘텐츠를 생산하고자 하는 삶을 살고자 하는 행동 이면에 자신의 욕구를 해소시킬 수 있는 요소를 스스로 검토하여 자신 안에서 발견한 욕망들을 창작한 콘텐츠 속에 함유했다.

이러한 개인적 욕망이 확장되어 다양한 분야의 needs에 대한 진심어린 호기심의 눈으로 깊고 종합적인 관찰을 하는 것이 습관된 사람들이다. 그러한 능력을 가진 사람이 소수이기는 하지만 그러한 사고를 하기위한 부지런한 천성을 가진 사람들 덕분에 우리들의 삶은 진보하였다. 그들은 남들이 미처 인식하지 못한 지극히 평범한 현실의 모습을 특별한 모습으로 재구성하여 특별한 결과를 만들어 내는 사람들이었기에 우리들은 창조인재라는 타이틀과 찬사를 보낸다.

대중이 창조성을 가진 사람들에게 찬사를 보내는 이유는 개인 혹은 사회에서 공감하는 기술 혹은 작품을 최초 표현했거나 처음 경험한 획기적인 도구가 의외의 편리함과 경제적인 이익을 동시에 주었기 때문이다. 기술의 진화와 더불어 새로운 문명을 만들어 낸 창조적 인재들의 천성은 현상을 바라보는 관찰력과 호기심이 다른 사람들보다는 많았고 더불어 창조적인 사람들에게는 사고하는 자체에 대한 부지런한 천성이 타고났을 뿐이다. 그러한 천성이 사람들 모두에게 있지만 탁월한 소수그룹에 들어가지 못한 이유는 사고를 확장시키려는 훈련이 부족했을 뿐이다. 창조적인 아이디어의 발현은 사고하는 행위의 부지런함을 요구하기때문이다. 따라서 창조적 사고를 한다는 것은 부지런함과 규칙적이고 지속성을 가지는 생활 속에서 발현된다. 창조적인 사고를 통한 탁월한 실적을 사회에 발표를 하기 위해서는 지식정보를 유연하게 다룰 줄 알아야 하고 장르에 구분없는 지식정보의 습득이 창조적인 아이디어를 발휘하기 위한 기본자세이며 그 지식정보를 다양한 시각으로 바라보는 사고의 관용성 역시 필요하다. 이러한 종합적인 사고 훈련이 자신 안에 자동화되어야만이 세계에 탁월한 콘텐츠를 공급하는 사람이 될 수 있다. 세계는 이러한 습관을 가진 사람을 필요로 하기 때문이다.

우리들이 삶을 살아가는 중간에 가끔 당혹스러울 정도로 빠르게 혁명적인 새로운 시대로 변화되는 세계의 모습을 경험하게 되는데 미처 준비되어 있지 않은 사회 안에 속해 있는 사람들은 갑작스러운 흥분이나 절망에 빠지는 현상들과 우리는 종종 마주치게 되는 경우가 있다. 그러한 현상이 벌어지는 진정한 이유는 현재 벌어진 혁명적인 사건의 현상 속에 수많은 시간 축적된 지식정보의 폭발 때문이다. 다시 말해서 지식정보의 폭발은 창조적인 사고가 그 뇌관 작용을 하고 마지막에 대중들의 참았던 불합리와 불편한 욕구가 마지막 불을 붙이는 역할을 했기 때문이다.

세계의 일은 갑자기 벌어지는 일이 있는 것이 아니라 축적되어 있는 지식정보와 창조적인 사고와 융합되어 현재의 상황들과 맞물려 일어난 것이다. 창조하는 행위는 무조건 새로움을 추구하기 위해서 고민하는 것이 아니라 삶의 결핍을 채우려는 열망 속에서 창조력이 발현되는 것이 창조를 위한 최초의 구동력이며 그러한 창조에너지의 활성화를 통해서 새로운 콘텐츠가 생산되는 것이다. 따라서 우리들의 결핍은 창조적인 사고를 위한 훌륭한 촉매제가 되기도 한다. 다만 그 결핍을 극복하려는 의지를 가진 사람에게만 한해서 말이다.

과거 기름등불로 불을 밝히는 대중들의 불편함을 전기의 발명으로 지속적인 밝음의 이론을 세계에 발표했던 에디슨 같은 사람이 좋은 예가 된다. 지금 우리들이 살고 있는 세계는 과거보다 더욱 확장된 관계 속에서 더 넓은 상호작용을 하는 세상을 살고 있다. 과거부터 축적된 지식정보가 지금의 디지털 시대와 연결되어 국가간의 경계를 없애고 민족간의 자유로운 소통을 할 수 있는 환경까지 왔다. 그 관점 자체를 다시 입체적으로 바라보는 것, 이것이 창조적 사고를 하는 사람들의 사고방법이다. 그러한 생각들이 무한대로 뻗어나가 상상과 구체화 작업으로 새로운 창조물이 태어나는 것이다. 창조력을 가진 사람들은 나의 눈과 함께 타자의 눈으로 현상을 동시에 들여다보는 훈련을 스스로 하는 사람이다. 타자의 눈은 그저 타인의 눈이 아니라 자신 안의 진짜 나의 눈과 의식이 자동화된 연결상태를 의미한다. 다시 말해서 사물의 진실을 찾기 위해서 자신의 안목을 높이는 데 주력하는 사람, 그러한 사고를 하고 표현하는 인재가 이 시대가 원하는 인재이다.

융합, 전략, 전술적 사고 그리고 창조

　전략, 전술적이라는 단어의 사전적 의미는 어떠한 목적을 이루기 위한 방침이나 계획이라고 쓰여 있다. 그 대상 이 정치적, 경제적, 사회적 등 다양한 현상의 모습으로 나타나는데 그 모습 속에는 부정과 긍정의 선택명제를 내포하고 있다. 즉 전략, 전술적 사고를 한다는 것은 우리들이 삶을 영위해 나가는 길에 벌어지는 연속적이고 다양한 현상들에 대한 지혜로운 대응방법을 위한 찾기 위함이다. 어떠한 현상에 대한 대응을 한다는 것은 당면한 문제를 해결한다는 뜻으로 지속적인 아이디어를 생산하기 위한 행위이기도 하다. 그 아이디어는 창조적 발상을 필요로 한다.

　그러한 사회적 정치적 경제적 현상들을 해결하기 위해서는 발생하는 현상의 전체를 통합적이고 입체적으로 바라보는 눈이 필요하다. 사실 어떤 한 가지 문제의 발생원인은 단편적인 한두 가지 원인으로 발생하는 것이 아니기 때문에 쓰여지는 단어가 정치, 사회, 경제라는 의미가 서로 다른 듯한 언어를 사용하지만 실제 발생하는 모든 문제는 커다란 한 가지 문제 안에 복합적인 주제들이 함유되어 커다란 문제의 형태로 보여지는 것이다.

　그래서 우리가 알고 있는 모든 지식들은 편의상 여러 분야로 나누었다는 사실을 먼저 인지하는 것이 중요하다. 물론 그 분야를 더 깊이 있고 심층적으로 연구하기 위해서는 관련된 전문지식이 필요하기는 하지만 그렇게 만들어진 특별한 지식들의 탄생의 본질은 공동체에서 발생하는 문제들을 해결하기 위해서 각 분야에서 제시한 특출한 아이디어를 실증한 결과를 나누었을 뿐이라는 다소 가벼운 마음으로 다양한 지식정보에 접근할 필요가 있기 때문이다.

지식정보들이 복잡해지고 다양해지는 이유는 우리들 스스로에게 요구하는 삶에 대한 수준이 높아짐에 따라 해결해야 할 문제 역시 다양해지고 많아질 수밖에 없기 때문이다. 그래서 우리는 내면의 심플함의 균형을 유지하려는 훈련을 통해서만이 복잡한 현상을 표현하는 다양한 지식정보의 진정한 본질을 읽을 수 있다. 지식정보는 그 필요도와 중요한 수순에 따라 분업화시키는 것이 효율적이고 분야별로 나눌 수밖에 없지만 우리들이 지식을 대하는 태도는 생성된 모든 개념의 뿌리는 거대한 한 가지의 문제에서 가지가 뻗어나간다는 사실을 먼저 인식하는 것이 중요하다. 왜냐하면 발생하는 현상 속의 거대한 문제들은 한두 가지의 인과로 벌어지는 사건이 아니기 때문에 단순하게 겉면에 보여지는 한두 가지 단면만을 보아서는 창조적인 답을 찾을 수 없기 때문이다. 그래서 우리들이 사고하려는 방향은 문제를 만들어 낸 출발점을 찾아 내는 것이 첫번째이다. 그리고 문제의 정확한 해결책을 찾아내기 위한 다각적 시각과 함께 문제의 흐름을 관찰할 필요가 있다. 흐름을 관찰하는 행위 그 자체가 정밀한 사고력을 요구하며 그 사고하는 방법을 스스로 확장시키는 것 자체가 전략적 사고를 실행하는 것이다.

따라서 전략적 사고를 한다는 것은 발생한 문제에 대한 창조적인 표현을 위한 것이며 그러한 표현을 위해서는 적절한 지식언어를 필요로 한다. 지식언어를 습득한다는 것은 발생한 문제의 출발점을 정확하게 인식하겠다는 사유의 의도이며 그 출발점의 배를 타고 가야만이 발생한 현상에 대한 사유의 확대와 구체화할 수 있는 능력이 생기는 것이다. 따라서 적절한 지식 언어를 찾는다는 것은 우리들이 최종적으로 표현하는 말과 글을 위함이 아니라 1차적인 대상의 관찰 행위를 위한 것이며 동시에 현상 속에 함유된 복합적인 요소의 최초 모습을 추론하기 위한 지침서이기 때문이다. 우리는 그 추론을 통해서 언어 속에 담긴 문제를 비로소 이해할 수 있으며 동시에 문제 속으로 깊이 들어가게 되는 것이다. 문제 속으로 깊이 들어가면 진행되어 가는 문제의 상황 속에서 지금 벌어진 현상에 대한 영향력을 행사하지 않는 요소와 영향을 미치는 요소로 분리 작업이 자연스럽게 된다. 이 과정을 통해서 문제를 야기시키는 핵심과 만나게 된다. 이러한 작업은 고도의 사고능력을 요구하며 이러한 사고의 실천이 전략적인 사고이다.

　전략적인 사고는 문제의 핵심 속으로 들어가기 위한 다양한 방법을 시도하기 위한 이름일 뿐이다. 즉 이 말은 문제의 본질 속으로 들어가기 위해 극복되어야 할 것은 변화 무쌍한 언어의 묘사뿐이라는 이야기이다. 전략적인 사고력의 발휘를 통해서 문제의 본질을 이루는 뿌리에 도착하는 순간 새로운 지식정보를 탄생시키기 위한 전술적인 사고의 에너지가 발현하고 동시에 또 다른 전략적인 사고를 요하는 지식정보를 외부에 분출하게 된다. 결국 전략적 사고는 새로운 지식정보를 만들기 위한 상상력과 추론의 무한순환 힘의 이름이다.

전술과 전략적 사고는 발생하는 문제와 자기 자신이 서로가 하나가 되어야만이 사용가능하고 이러한 상태의 유지 속에서 획기적인 아이디어를 지속적으로 사고하는 결정적인 원인이 된다. 사실 우리들이 사고한다는 것은 삶의 경험으로 얻어진 방만한 지식을 활용하는 일이며 전술적이고 전략적인 사고는 그렇게 경험된 지식을 자신만의 방식으로 사고의 재구성을 하는 일이다. 그러한 작업을 자유자재로 할 수 있는 사람들이 매우 탁월한 결과물을 세계에 발표할 수 있는 확률이 높은 사람이 된다. 이러한 사고력을 갖춘 사람이 융통합적이고 창조적인 사람이라고 할 수 있다.

평범한 사고력을 가지고는 발생하는 문제들의 핵심을 볼 수 없다. 왜냐하면 평범한 사고는 문제 인식을 넓게 할 수가 없기 때문이다. 즉 평범한 사고력으로는 문제의 한 면만을 바라보며 경솔하게 판단하여 원치 않는 결과를 야기시킬 수밖에 없는 확률이 많아지게 된다는 이야기이다. 또한 평범한 사고력을 가지고는 발생하는 현상 속에 문제가 발생하는 직접적인 원인이 되는 시간과 공간 속의 보이지 않는 정보를 정확하게 읽을 수가 없다. 모든 문제는 철저히 시간과 공간 속에서 움직이는 것이 변치 않는 법칙이기 때문이다. 문제가 되는 현상이 발생한 원인 속에 시간과 공간의 개념을 이해한다는 것은 현상의 진실을 파악하기 위한 중요한 상상의 기회를 갖는 것이기 때문이다.

탁월한 결과물을 만들기 위해서는 우리는 깊고 넓은 전술과 전략적인 사고의 훈련을 지속적으로 해야만이 벌어지는 문제에 대한 순수한 두뇌 속 그림을 그릴 수 있다. 그렇게 그려진 상상도가 창조적인 지식정보를 생산하기 위한 필수 재료가 된다. 문제 그 자체에 함유된 암묵적인 요구는 다음의 결과로 연장시키기 위한 또 다른 과제를 만들어 내라는 세계에 대한 의무의 이해이다. 그래서 새로운 과제를 수행하기 위해서는 창조성의 끝없는 연장선을 이어가기 위한 의지가 필요하고 또한 우리가 문제 속으로 깊숙히 접근을 시도하는 행동에서 또 다른 창조의 문이 열린다. 이것이 창조적 전략적 사고이다.

또한 창조적인 발상의 아이디어는 상호간에 관계를 통해서 이끌어 내는 소통력이 필요하다. 그 소통은 인간을 포함한 우리 주위에 있는 모든 것들과의 소통을 의미한다. 그 대상이 자연일 수도 있고 우주일 수도 있다. 상호간의 관계는 순수한 지적정보교류의 장이 됨이 가장 이상적이며 이러한 긍정적인 관계의 형성을 통해서 서로에게 암묵적이고 제한적이지만 자신이 상상하고 있는 주제에 대한 검증의 기회를 가질 수 있다. 가장 이상적인 소통은 문제의 뿌리까지 깊숙히 접근하여 이야기할 수 있는 그러한 상호교류가 매우 바람직하다. 이러한 교류를 통해서 자연스러운 창조적이고 전략적인 사고의 지속적인 확장과 함께 또 다르게 파생된 창조적인 아이디어를 발상할 수 있는 보너스를 수시로 얻을 수 있다.

전략적 사고는 자신 안에 있는 아이디어를 최종적으로 외부로 표현하는 중간단계이다. 진정한 창조적 실행은 축적되어 온 지식 혹은 다양한 정보들을 끊임없는 증명과 함께 타인의 공감을 얻어 내는 과정이고 그렇게 창조된 지식들은 세계에서 동의를 얻어야 하는 매우 중요한 과정을 반복적으로 행하는 것이다. 이러한 반복적인 우리들의 창조적인 행동을 통해서 우리 문명이 진화되어 가는 것이다.

융합과 디지털 그리고 기술진화와의 관계

디지털이라는 단어에는 몇 가지의 주제를 함유하여 최종적으로 우리가 모두 인식할 수 있는 단어로 결론 지었을까? 디지털과 같은 단순한 단어의 표현 속에는 여러가지 다양한 생각들이 함유되어 있을 것이다. 예를 들어 속도, 연결, 단순화 그리고 추상성, 그리고 초월성 같이 우리는 디지털을 연상하면 다양한 관련된 단어들을 연상할 수 있다. 그러한 단어의 연결성은 다양한 생각들을 외부에 표현하기 위한 필수적인 기초 단어들이다. 우리들은 무엇인가를 생각하고 연상하는 행위의 근본적인 목적은 외부의 현상을 이해하고자 하는 의도에서 대상에 대한 호기심을 가지고 관찰한 결과를 표현하고자 하는 욕구가 있기 때문이다.

우리들이 사전에서 정리해 놓은 모든 단어 뜻의 의미를 확인할 때 단편적이고 보편적이며 일반적으로 보여진 뜻을 표현해 놓았을 뿐이다. 만약 우리가 그 뜻 안에 함유되어 있는 다양한 과목들에 대한 호기심을 가진다면 그 단어들은 일반적인 언어를 초월한 그 이상의 모습을 보여준다. 사전 안에 표기되어 있는 수많은 단어는 특정 단어의 뜻을 알기 위하여 사용하는 목적도 있지만 그 단어 뜻을 이해하고 동시에 어떻게 활용하는가에 따라 여러 갈래의 활용법들을 다시 만들어 낼 수 있는 방법을 담고 있다.

지금까지 진화된 문명은 수많은 콘텐츠의 창작을 연합하여 문명의 발달로 연결되어진 것이다. 이미 발표된 기술, 사상, 예술 안에는 여러가지 이야기들과 수많은 신종단어를 양산하게 되는데 그렇게 양산된 단어와 이야기들이 또 다른 문화를 만들어 내는 기본 자료로 사용되어진다. 그렇게 세상에 발표되어진 다양한 분야들의 신지식 혹은 개념들 안에서 또 다른 창조적인 작업을 하기 위해서는 지식자료들에 대한 정확하고 깊은 이해에서 출발한다. 그 출발점은 진정한 지성적인 힘의 강화를 목적으로 한 융통합적 사고력을 필요로 하고 동시에 입체적인 시각과 함께 더욱 넓고 깊은 지성력의 지속성이 창조적 아이디어를 발현하기 위한 필수요소이기 때문이다.

그러나 멈추지 않는 통합적인 지성을 사용하여 인류 문화의 패러다임의 변화를 추구하는 열정을 가지고 창조적인 작업을 멈추지 않는 사람들은 언제나 소수밖에 없음이 매우 안타까운 일이다. 더욱이 현대는 첨단 기술의 혁명적인 발달의 상징인 디지털 문명 안에 살고 있는 우리들이 오히려 과거보다 더욱 지성 능력이 떨어지고 있다. 그 이유는 디지털 기술은 우리들이 어떻게 활용하는가에 따라서 더없이 좋은 창조작업을 할 수 있는 도구임에 틀림이 없지만 많은 사람들은 디지털 기술의 활용을 위한 정확한 개념의 이해를 하지 않으려고 하거나 매우 일반적인 상식 정도의 수준에 머물고 있기 때문이다. 또 다른 이유는 우리들이 원하는 세계의 모든 정보를 자신의 방에서 손쉽게 얻을 수 있는 편리함만을 적극 누리고 있는 것이 문제이다.

이미 발표된 지식정보들을 우리가 수집하고 면밀히 검토하는 이유는 또 다른 창조적인 작업을 위함임을 사람들은 깨닫지 못하는 듯하다. 공들여 습득한 지식정보들을 단지 이해의 정도에서 머문다면 마치 음식을 만들 재료만을 준비한 채 실제 요리를 하지 않은 것과 같다. 대다수의 사람들이 왜 디지털 기술이 현대의 정보화시대를 이끄는 최첨단 기술인지 그리고 디지털 정보는 어떠한 사고의 동기에서 출발하여 지금의 획기적인 기술로 발전하였는지에 대한 진지한 물음과 답을 자신 안에서 찾고자 하는 시도를 하는 사람들은 거의 없다. 그러한 시도를 하는 사람들은 언제나 소수일 뿐이다.

우리들이 누리고 있는 첨단 기술인 디지털은 본질적으로 무엇을 키워드로 하였을까? 완전히 정확하다고 말할 수는 없지만 지속적 연결화, 단순화, 무경계화를 통한 정보와 지식의 끊임없는 축적이라고 생각한다. 우리는 인터넷을 이용하여 언제라도 세계의 다양한 사람들과 국가, 지역 등을 초월하여 관계를 맺을 수 있고 원하는 지식정보들을 실시간으로 검색이 가능하며 그 지식정보를 이용해서 새로운 문화콘텐츠를 구상하는 자료로써 활용할 수 있다.

과거에는 거의 불가능에 가까운 일들이 디지털 기술의 발전으로 현재 우리들의 삶에서 벌어지고 있다. 그러한 디지털 기술의 본질은 모든 기술이 그렇지만 언제나 단순한 원리에서 출발을 하며 동시에 복잡해 보이는 무궁무진한 형태의 모습으로 수시로 그 모습이 변화하도록 업데이트 된다. 디지털의 속성은 불필요한 감정을 제거하고 필요한 정보들만을 축적시켜 거대한 정보집합체로서 대중들에게 경계 없는 연결을 무한 대화한 것이 디지털 기술의 가장 큰 특징이라고 볼 수 있다.

디지털 기술은 인간의 융합적인 사고의 모방을 통해서 혁명적인 진화를 적극 시도하고 있다. 그러한 진화가 인간이 본래 가지고 있는 사고하는 능력 속에 함유된 추상성, 추리, 유추력을 모방함으로써 인간 고유의 능력이 디지털 기술에 의해서 점유를 당할 어처구니 없는 사건이 벌어질지도 모르겠다.

우리들은 점차 복잡한 과제에 대한 판단을 디지털에게 완전한 의존을 하며 기계가 알려 주는 지식정보를 마치 원래부터 자신이 생각해 냈던 것인 양 스스로를 속이는 어리석음을 범하는 사람들이 점차 늘어나 우리들의 본래의 능력을 스스로 훼손하고 있는지를 자기 자신조차도 인식하지 못하고 있다. 이러한 현상은 과거의 종교가 우리들의 삶에 절대적인 우위를 차지하는 사회에서 무작정적인 믿음을 스스로에게 강요하여 정상적인 판단을 유보하며 자신의 진짜 모습을 잃어가는 현상이 이제는 종교에서 새로운 기계로 전이되고 있는 것 같다. 이러한 현상은 인간의 존엄을 위협하는 영혼의 암에 걸린 초기증세이다. 이러한 영혼에 대한 병리적인 현상은 디지털 기술의 발달 때문이 아니라 우리 스스로 사고를 하고자 하는 의지를 스스로 깨 버린 자연스러운 인과율에 의한 것이다.

세계가 이렇게 문명이 진보된 직접적인 영향은 소수의 사람들이 우리 자신과 연결된 발생하는 모든 현상들 속의 보이지 않는 형이상학적인 언어를 해석하고자 하는 지독한 호기심 때문이었다. 그러한 호기심은 본래 우리가 가지고 있는 창조본성을 깨우기에 충분했다. 알 수 없는 형이상학적인 현상에 대한 꾸준한 만남을 위해서는 전체를 볼 수 있는 내면의 눈이 필요하며 그 내면의 눈은 융통합적인 사고에 의해서 발현된다. 그 사고의 표현은 최종적으로 언어와 글로써 정리가 된다. 우리는 세계 안에서 수시로 발생하는 현상의 언어 안에 비언어적인 모습들을 보고자 하는 집요함을 통해서 새로운 문화를 창작해 내는 우리 본래의 쾌감을 느낄 수가 있는데 그 쾌감의 권리를 우리는 기계에게 양도하고 있는 것이 안타깝다. 그러한 쾌감을 느끼기 위한 꾸준한 시도는 융합적인 사고혁명을 통해서 획기적이고 창조적인 성과물로 보답받는다.

디지털 문명이 탄생한 근본 원인도 그러한 창조적인 호기심을 풀기 위한 목적으로 출발하였을 것이다. 사실 디지털은 추상적인 정수를 이용할 능력이 있고 창조성을 가진 누군가가 숫자에 생명력을 불어넣은 결과 기계의 언어가 살아 있는 유기체처럼 되어 버렸다. 그러한 정수는 스스로 우리들이 사용하는 언어와 이미지로 전환하기 위한 숫자들의 끊임없는 운동으로 만들어진 허상들의 연속 형태가 만들어진다. 그 허상들의 연속이 사람을 연결하고 경제를 유지하기 위한 플랫폼의 형태로 다양하게 활용을 하고 있다. 왜냐하면 허상은 진실을 근본으로 하기 때문이다. 다시 말해서 존재하고 있는 모든 것에 대한 변화의 주관적인 관찰의 형태의 표현의 결과가 허상이라는 이야기이다. 실제로 변하지 않는 것은 정수들의 운동 그 자체뿐이다.

융합적인 사고는 혁명적인 창조를 위한 것이며 그러한 사고의 활동이 우수한 작품을 생산하기 위한 근본이 된다. 모든 분야를 막론하고 새로운 생각들의 표현을 하기 위해서는 허상의 집중적인 관찰이 필수적이며 이러한 실천은 의지를 바탕으로 한 끊임없는 초월을 지속하는 것이다.

창조적인 발상은 발생한 문제에 대한 근본적인 탐구를 바탕으로 또 다른 허상을 제작해 내는 행위이다. 허상은 우리들이 언어를 표현도구로 이용하여 최종적으로 발표할 수밖에 없다. 또한 그 허상은 연속적으로 변화되는 속성을 가지고 있기 때문에 작품의 수명은 시한부이기는 하지만 또 다른 허상을 만들어 내기 위한 필수 축적물이다. 우리가 사는 세계는 변화의 속성을 가지고 있기 때문에 모든 작품의 수명은 외부에 표현을 행했던 동시에 바로 다음을 위한 축적물로써 묻어진다.

디지털 기술의 지속적인 발전은 그 기술을 원활히 활용하는 사람들이 다양한 주제에 대한 자체적인 표현이 무한대화 되어 가면서 변화 속도의 겉모습은 매우 빨라지고 있다. 사실 과거에 비해 모든 분야에서 변화의 속도가 빨라진 이유는 지식정보를 온라인을 통해서 원하는 대로 수집할 수 있는 시스템의 발달이 가져온 이유일 것이다.

우리들은 어떠한 지식정보에 직면을 하든 한 가지 알아야 할 것은 세상의 모든 지식정보는 하나로 통합되어 있다는 사실이 변하지 않는 진리 라는 것을 인식하고 모든 지식정보를 대할 필요가 있다.

디지털 기술문화의 진정한 활용을 위해서는 내면의 눈이 세계를 인식하는 시야를 넓고 깊게 보아야 한다. 그러한 눈을 가지기 위해서는 세상에서 벌어지는 모든 현상은 하나의 뿌리에서 나왔다는 믿음을 통해서만이 가질 수 있는 능력이다. 이러한 믿음의 힘은 현상속의 진실을 육안만으로는 보이지 않는 지식정보의 핵심을 꿰뚫어 볼 수 있는 능력을 생기게 하며 동시에 최상의 지식정보 생산 능력이 촉발되는 원인이 된다.

지금의 시대는 디지털 시대를 향해서 가기 위한 본격적인 막을 올리는 시작의 시대임과 동시에 아날로그 기술퇴화의 최정점에 도달하는 시대이다. 그러나 현재 우리가 만들어 낸 모든 최첨단 기술들은 아날로그 기술의 연장이 지속적으로 연결되었기 때문에 디지털 기술의 첨단화 같은 또 다른 허상의 결과를 경험하고 있다. 자명한 사실은 발표된 모든 지식정보는 모두 발생하는 현상의 밑바닥에 우리 모두 경험하고 인식한 지식들이 축적되어진 결과이다. 그렇게 축적된 개념들은 디지털 기술을 통해서 새롭게 제작된 지식정보의 뿌리가 여러 갈래로 빠르고 넓게 퍼져 나가게 할 수 있게 되었다. 이 시대는 그 기능을 담당할 첨단 도구를 개인적으로 사용할 수 있는 기술혁명의 시대이기도 하다.

급진적으로 변해 가는 이 시대는 우리를 위한 더 빠르고 획기적인 창조적인 문화의 작품을 갈망한다. 왜냐하면 우리들은 이미 편리함의 문화에 지나친 익숙함으로 더욱 강력한 편리함의 욕구충족을 원하기 때문이다. 즉 우리들 안에 있는 본능적인 욕망의 확장을 위해서 더욱 강력하고 매력적인 새로운 지식정보를 세계는 요구하고 있다는 이야기이다.

그러한 시대 변화의 요구에 발맞춰 나아가기 위해서는 융통합적인 사고 활동을 통한 낡은 관념들의 지속적인 제거와 새로운 창조적인 콘텐츠를 제작하기 위한 활동의 역량을 스스로 확장할 필요가 있다.

디지털 시대는 퓨전의 시대이다

　융통합을 통한 새로운 지식정보의 개념을 생산해 내기 위해서는 과거의 문화와 지금의 문화의 연결성의 고리를 찾아내려는 시도에서부터 출발한다. 왜냐하면 우리들이 살아가고 있는 세계, 나라, 지역은 다양한 경로를 통해서 집합되어진 콘텐츠의 연합이 현재 우리가 살아 가고 있는 모습을 만들어 내는 원인이 되었다. 이러한 현상들을 우리는 문화라고 이름지었으며 그 현상의 집합체가 문명이라는 강한 신념의 고착화와 함께 신념과 믿음의 코드가 동일한 사람들끼리 모여 살며 개인의 연합을 이루어 '나라'라는 공동체를 자연스럽게 형성했다. 그리고 현대는 지구촌 혹은 글로벌이라는 새로운 단어를 만들어 내어 신념과 믿음이 다른 나라들과의 본격적인 연합을 통해서 지구촌 문명의 확장을 위한 새로운 문화 소프트웨어를 제작하려는 지속적인 노력을 통해서 또 다른 문명의 하드웨어의 거대한 탑을 세워 공동체 안의 비대해진 개인들의 욕망을 해소하고자 한다. 결국 문화는 우리들의 삶 속에서 항상 경계하고 있는 불편함을 지속적으로 감소시키고자 하는 동기로 인해 사고 확장의 의지가 강력한 구동력으로 작용한다. 모든 문화 그리고 기술 발전의 이면에는 우리들의 불편함을 감소시키기 위한 목적이 대부분을 차지하기 때문이다.

　문화와 연결된 문명의 발달은 단순한 모양을 한 물질 혹은 현상들을 관찰하는 과정에서 자신이 경험했던 직간접적인 지식들과 관련분야에 천착을 했던 다른 사람이 발표한 지식들과 연합하여 단순하게 보여지는 대상 혹은 현상속에 함유된 다양한 주제들을 이해할 수 있게 되었다. 이러한 대상에 대한 이해를 위한 지식정보는 마치 퓨전 요리처럼 지식정보재료의 적절한 균형과 배율을 통한 배분을 통해서 대상과 현상의 진실한 모습을 배워 가는 것이 본질이다. 새로운 지식정보생산은 상상력과 함께 다양한 지식정보를 퓨전하는 작업이다. 다시 이야기해서 새로운 지식정보는 우리들이 존재하고 있는 대상 속의 보이지 않는 부분에 대한 상상의 그림과 함께 경험한 모든 것을 종합적으로 퓨전한 최종의 표현 행위이다.

그러나 우리들의 이러한 작업공정은 우리들안에 본래 설계되어진 육체와 정신 에너지의 제한성을 가지고 있다. 그러한 이유로 다양한 사람들과 협동하여 지식과 정보를 융합한 힘에 의해서 우리들의 문명은 지속적인 발전을 해 왔다. 동시에 우리는 이러한 발전에 만족하지 않고 또 다른 도구를 생각해 내는 행위를 실행하기에 주저함이 없다.

즉 디지털 기술을 통해서 지식정보를 연합하여 우리 세계에 잔재해 있는 수많은 문제를 해결하여 삶의 안전성을 보장받고 더불어 즐거움을 유발할 수 있는 쾌락의 아이디어를 서로 공유하기 위한 네트워크를 형성하였다. 이 역시 우리 안에 내재된 한계성을 초월하고자 하는 강렬한 열망의 힘에 의해서 비롯된 문화연결의 확장이다. 이러한 행위 자체가 문화의 확장을 위함이다.

우리가 정신의 세계를 알고자 탐구한다든가 그리고 우주의 탄생에 대한 근본적인 물음에 대한 지적인 탐험을 한다는 것 자체는 우리 의식의 심층부에 있는 두려움 때문이다. 사실 그 두려움 때문에 우리 인류에게 끊임없이 던져지는 불편한 과제들의 원인을 파악하고 그 불편함을 주는 근본요소들을 제거하여 편안하고 안전한 삶을 영원히 지속하고자 하는 불굴의 의지가 생겼으며 그 힘에 의해서 지금의 문명을 만들었다.

　　우리가 매일 보는 뉴스에서 반드시 방영하는 일기예보의 예를 들어 보자면 다음날의 날씨 상태는 과거부터 우리들의 삶에 지속적으로 영향을 주는 커다란 요소를 가지고 있다. 그래서 다음날의 날씨에 따라 노동을 통한 생산성의 결과가 작게 또는 크게 영향을 줄 수 있기 때문에 우리는 날씨에 민감하다. 그래서 우리들은 매일의 기후 상태를 미리 알고자 하는 궁금증을 풀기 위해서 지구를 넘어 머나먼 우주로까지 디지털 기술을 이용하여 내일 혹은 몇 달, 몇 년 후의 날씨상태까지 예측하여 우리들의 삶의 안전성을 확보하고 안정된 생산성을 유지, 발전하고자 하는 데 힘쓰고 있다. 과거에는 단순히 자연적으로 발생하는 우연적인 날씨의 변화에 의존을 할 수밖에 없었고 우리들의 능력만으로는 당장의 날씨 변화도 예측할 수 없었지만 지금은 디지털 같은 우수한 도구의 발전으로 자연을 인위적으로 조절할 수 있는 꿈을 꿀 수 있는 가능성을 가지게 되었다. 부분적으로는 그러한 기술의 활용 단계까지 발전되어 있는 기술 역시 실재 존재하고 있다.

　　우리는 앞으로도 계속 디지털 기술을 이용해서 우리들이 육안으로 볼 수 없는 또 다른 세계를 관찰할 수 있는 영역들을 지속적으로 확장시켜 나아가 지금까지 우리가 풀지 못했던 다양한 현상들에 대한 비밀을 디지털 도구를 통해서 밝혀진 진실을 알 수 있는 경험을 하게 될 것이다. 이러한 디지털 기술의 발전의 내막에는 다양한 과목들이 함유되어 디지털이라는 한 가지 상징적인 형태로서 존재하게 된다.

그러한 다양한 지식정보의 함유는 마치 퓨전 음식처럼 다양한 과목들의 적절한 비율과 균형맞춘 지식정보의 재료들의 이름을 가진 물리학, 지리학, 수학, 기계학 같은 수많은 과목들이 함유되어 있다. 이 모든 다양한 학문들이 서로 상호의존을 하며 한 개의 개체처럼 움직이고 있는 것이다.

그래서 우리들은 모든 지식정보들을 이용하여 하나의 목표를 향해 나아가고 있다. 즉 우리 인류가 영원히 생존하는 데 걸림돌로 작용할 수 있는 불안전함과 불편함을 제거하기 위해서 끊임없이 수많은 지식들을 결합과 분리를 수시로 하고 있는 것이다. 따라서 우리의 삶은 언제나 생각의 퓨전으로 인하여 생긴 현실의 현상과 함께 하고 있었다.

퓨전의 사전적인 의미는 이질적인 식재료를 혼합하여 전혀 새로운 맛과 음식 문화를 창조한다는 뜻으로 이 단어를 우리가 자주 사용을 하고 있다. 사실 퓨전음식은 우리나라가 최고일 것이다. 비빔밥 같은 음식의 예를 들어 보아도 밥 한 그릇에 다양한 나물과 양념을 혼합하여 독특한 맛을 연출하는 이러한 음식은 세계 속에서 우리만의 독특한 문화로 자리잡은 음식이다. 아마도 우리 민족만큼 퓨전음식을 잘 하는 민족도 없을 것이다. 된장찌개, 김치찌개 등 역시 우리나라를 대표하는 퓨전음식이다. 이러한 퓨전음식 문화 역시 수많은 주제들이 서로 적절한 연합을 통해서 창조되었다. 즉 우리의 조상들은 음식 재료들 속에 함유되어진 다양한 주제들을 관찰할 수 있는 시각을 통해 음식 재료 속에 함유된 본래의 이야기들을 우리들만의 문화로 재구성했다. 다시 말해서 하늘과 땅에서 분출하는 근본에너지와 다양한 재료의 적절한 결합의 효과를 발견하여 또 다른 맛을 만들어 낸다는 사실을 깨달았다는 이야기이다. 이러한 우리 조상들의 이해력과 응용력이 우리만의 퓨전 음식문화를 만들어 내었다. 퓨전의 원래의 뜻도 다른 물질들을 융합하여 새롭게 무엇인가를 만들어 낸다는 뜻을 가지고 있고 동시에 우리들의 삶 역시 언제나 작든 크든 퓨전하는 삶을 살아 왔다. 퓨전은 융합이기 때문이다. 그래서 퓨전은 음식문화에만 쓰여지는 단어만 아니라 새로운 발상을 발현해 내는 통합과정을 뜻한다. 다시 말해서 퓨전은 기존정보의 재해석과 통합을 통해서 또 다른 창조 대상을 탄생시키는 작업이다. 동시에 우리들의 인식분야 확장을 위한 통합 훈련을 뜻하는 단어이기도 하다. 이것이 퓨전 속의 진정한 의미이다. 그래서 퓨전과 융합은 본질적으로 같은 의미를 내포하고 있으며 자신만의 창조적인 규칙을 만들어 세계의 문화패러다임의 변화를 시도하는 끝없는 실천을 요구하는 단어이다.

융통합적 사고와 창조적 진화

우리는 끝없이 진화하고자 하는 본능을 가진 존재들이다. 즉 우리들의 본능 속에는 원래 융합적이고 통섭적인 사고능력을 가지고 있기 때문에 지금의 문명을 만들었다. 그래서 우리는 삶의 진보를 위해 한순간도 쉬지 않고 통합적인 사고를 하고 있다. 그 역량이 크든 작든 말이다. 사실 융합적인 사고를 한다는 것은 우리들의 생존 그 자체이기 때문이다.

또한 우리가 생각의 결과를 외부로 표현하는 행위는 깊은 사고를 통하여 발견한 대상의 새로운 모습에 대한 자신의 판단을 세계에 증명하고자 하는 욕망 때문이기도 하다. 다시 말하자면 어떠한 현상이나 존재에 대한 판단을 하기 위해서는 사고 주체자는 자신이 파악하고자하는 대상에 대한 관련정보를 자신이 알고 있는 모든 직간접적 경험을 종합하여 단일하고 상징적인 단어들의 연속적인 표현을 통해서 끝없이 자신의 생각을 세계에 보여 주어 대중에게 인정을 받고자 하는 욕구를 가지고 있기 때문이다. 그러한 과정의 지속성을 통해서 문화는 창조되고 그 문화가 연합하여 문명이 되는 것이다.

우리들이 가진 내면 속 창조본능의 프로세스는 두뇌 속에 저장되어진 과거의 기억들에서부터 최신 지식정보의 교집합을 찾아 기억해 낸 정보가 맞는지 틀린지를 확인하고 세계 속에 적용을 하여 상위 문화와 합류하려는 욕구와 함께 끝없이 새로운 개념을 찾아낸다. 사실 우리는 대상에 대한 생각을 할 때 어느 한 면만을 보고 단순하게 판단하지 않는다. 그 이유는 대상에 대한 판단을 위해서 무수히 많은 정보를 자동적으로 융합하는 능력이 우리에게 있기 때문이다. 다만 우리는 단순히 세계 속에 존재하는 지식정보에 대한 연합을 통해서만 대중이 인정할 만한 공통분모만을 찾기 때문에 우리들의 창조 능력이 천차만별인 것이다. 즉 모두가 가지고 있는 특별한 능력을 대다수의 사람들이 제한적으로만 사용하기 때문에 본래 우리들이 모두 가지고 있는 비범함은 사라지는 것이다.

융합적 사고의 진정한 의미는 끝없는 깊이와 넓이를 스스로 측정하지 않는다는 본질적인 의미를 가지고 있다. 또한 융합적인 사고를 하는 행위 자체는 용기를 필요로 한다. 예를 들어 대중 안에 고착화되어 버린 뿌리깊은 고정관념을 과감히 부술 수 있는 용기 말이다. 인간의 기본적인 본능은 자신에게 불편함이나 불합리적인 요소가 크게 자신에게 영향을 미치지 않는 이상 그저 매일 하는 똑같은 생각과 행동을 반복하는 것을 즐기는 속성이 있다. 그래서 새로운 창조적인 아이디어가 자칫 자신의 편안함을 깰 수 있는 위협적인 요소라고 오해한 사람들에 의해서 공격받을 수 있는 가능성이 있기 때문이다. 우리에게 영향을 주는 공격이 우리 모두를 위한 창조성을 가진 혁신적 아이디어라는 진정한 믿음이 있다면 잠시의 고난을 받아들일 수 있는 용기가 혁명적인 창조를 하도록 하는 에너지가 되는 것이다. 그러한 용기를 가진 사람들은 언제나 소수이며 그들은 사고의 확장을 반복하는 실천을 지속적으로 함으로써 성공적인 삶을 살 수 있었던 것이다. 깊고 넓은 융통합적 사고가 없는 매일 발전 없는 반복을 하는 행동의 익숙함 속에서는 그 능력이 퇴화되며 자칫 본능적이고 1차원적인 삶에만 허덕이는 인생으로 전락할 수도 있다.

우리들이 본래 가지고 있는 융통합적 사고는 우리가 태초부터 내면의 기억 속에 모두 가지고 있지만 그 기억은 무의식 깊은 곳에 숨겨 두고 이제는 찾을 수 없는 상황을 스스로 만들었기 때문에 우리는 그 능력을 잊고 살고 있다. 그 능력을 제한적으로 사용하거나 아예 잊어버린 이유는 외부 환경의 영향에 대한 우리들의 예민한 반응이 직접적인 원인이 될 수 있다. 다시 말해서 외부에서 보내는 수없이 많은 정보들에 대한 불필요한 관심 말이다. 우리들의 환경은 수없이 많은 지식정보가 홍수처럼 쏟아져 나오고 있다. 그 정보의 홍수 속에서 허우적거리고 있다는 사실을 대부분의 사람들은 실제로 느끼지 못하면서 도리어 우리의 의식은 스스로 모두 알고 있다는 착각을 자동적으로 하기 때문에 본래의 비범한 사고력은 더 이상 발현되지 않는 것이다.

융통합적인 사고에너지는 지속적으로 새로운 과제를 자신에게 부여했을 때 에너지가 분출된다. 즉 우리는 익숙함과 착각에서 스스로 벗어나고자 하는 의지와 스스로 부여한 새로운 과제에 의해서 융합적인 사고를 할 수 있는 능력이 회복되는 것이다. 이것은 습관의 문제이지 능력의 문제는 아니다. 또한 융통합을 한다는 것은 이질적인 지식들 혹은 경험들을 기준하여 그 속에서 새로운 사고의 줄기를 뻗어 나가기 위한 이른바 창조적 삶을 살기 위한 고도의 생존훈련이기도 하기 때문이다. 이러한 과정의 확장반복을 통해서 우리는 창조적인 아이디어의 씨앗을 얻는 것이다.

　지금 우리들 세계의 형성은 융통합적인 사고를 통해서 지금의 창조적인 문명을 이룩할 수 있도록 진화해 왔고 앞으로도 그럴 것이다. 왜냐하면 그것이 우리들의 본능이기 때문이다. 우리 안에 잠복해 있는 두려움과 무기력은 이질적인 정보를 받아들이는 커다란 장애요인이다. 우리들의 병폐는 익숙한 분야외에 낯설은 분야는 한번도 관심조차 가지지 않는 것이며 그러한 습관은 우리 스스로에게 자유로운 삶을 살기 위한 권리를 빼앗는 결과를 초래한다.

　두려움은 무기력과 연결이 되기도 한다. 즉 새로운 분야를 지속적으로 학습을 해야 하는 부담이 스스로에게 주는 힘겨운 상상이 되어 새로운 분야에 접근하려는 의지를 스스로 꺾어 놓기도 한다. 그렇기 때문에 우리는 과거에 배운 익숙한 지식과 경험 이외에는 전혀 관심을 가지지 않는다. 그러한 두려움과 무기력이 우리를 창조적인 사람이 되는 길을 가로막는다. 우리들이 창조적으로 진화하는 본래의 모습은 자신 안의 고정관념의 틀을 깨고 다양한 분야에 대한 지식정보들을 축적시켜 자신의 한계를 스스로 극복해 나가는 사람이다. 그렇게 축적한 지식정보들은 스스로 반응하여 융합적 사고기능이 작동하고 자신의 내면에 숨어 있는 비범한 능력과 만나게 될 것이다.

디지털 시대가 요구하는 창조력

지금 우리가 살아가는 시대는 외부기호의 유혹에 취약한 시대를 살고 있다. 현대의 신(新) 기호 표현은 우리들 삶에서 다양한 모습으로 침투되어 우리들의 감각기관을 어지럽힌다. 이러한 기호는 소리, 문자, 그리고 그림으로 과거와는 비교할 수 없는 수많은 통로로 우리의 내면세계의 혼란을 가져오기도 한다. 그 다양한 통로는 디지털이라는 획기적인 기술을 통해서 우리는 나만의 공간에서 자유롭게 감각적 기호로 가득한 세계를 탐색하고 즐긴다. 그러나 대부분의 사람들은 이러한 감각적 기호를 즐길 줄만 알 뿐 그 기호가 탄생한 최초에 대해서는 관심이 없다. 지금 내가 즐겁고 궁금한 정보를 알면 그뿐이니 말이다. 그러한 감각적 즐거움만을 추구하는 가운데 우리 내면은 황폐화되는 주 원인이 됨을 대다수의 사람들은 모른다.

이러한 디지털 기술을 통한 문화의 급격한 변화의 본모습은 디지털 기술 자체가 우리의 삶의 패러다임을 변화시키는 것이 아니다. 즉 수학기호를 다양한 각도에 적용하는 가운데 디지털이라는 상징적인 형태가 만들어진 것이다. 다시 이야기하면 수학기호를 이용하여 디지털 속에 논리의 기능을 추가하여 그 기능에 의한 스피드한 정보검색을 통해서 다양한 정보들을 개인에게 신속히 전달해 주는 과정 자체에서 우리들의 사고 형태를 빠르게 변화시키고 있음을 이해할 필요가 있다. 그래서 수학은 그저 연산하는 도구가 아니라 언어이며 디지털기계와 진정한 소통을 위해서는 이 언어를 이해할 필요가 있다. 수학은 추상적이고 형이상학적인 현상의 궁금증을 풀어 나가기 위한 창조언어의 근본이기 때문이다.

예를 들어 우리가 추상적 혹은 형이상학 같은 단어 속에 함유된 또 다른 이미지는 새로운 언어를 이용해서 그 모형을 무한으로 바꿀 수 있고 그 속의 잠재언어를 파악할 수 있다. 우리들이 매일 보는 인터넷 상에서 형상화된 이미지, 소리, 언어의 최초는 수학을 기호화한 추상적 언어이며 이 언어가 우리들이 요구하는 고급 지식정보의 전달 외에도 감각적인 쾌감을 유발하기 위한 맞춤형 기호 표현도구로써 활용된다. 이것이 디지털 기술의 모습이다. 따라서 디지털 기술에 응용한 수학은 본래 감각기관으로 경험을 할 수 없는 추상적인 기호이기는 하지만 이 기호는 다양한 모습으로 조합되어 우리들 내면현상들을 조작할 수 있는 또 다른 창조언어임을 이해해야 한다. 그 결과로 인터넷상에서는 우리는 얻지 못하는 정보가 없고 관계를 맺지 못하는 사람이 없으며 이 언어를 이용해서 또 다른 문화를 탄생시킬 수 있는 것이다. 우리가 원한다면 말이다. 이것을 가능하게 해 준 힘이 바로 수학 같은 창조언어를 기반으로 한 디지털 기술이다.

디지털 기술을 응용하여 사회는 하루가 다르게 발전을 거듭하고 있다. 인공지능 역시 수학 언어를 바탕으로 창조되어진 문명진화의 현상이다. 이러한 첨단 기술의 발달을 통해서 우리들에게 긍정적인 영향도 있지만 부정적인 영향 역시 크다. 왜냐하면 우리들은 인터넷상에서 벌어지는 가상현실을 마치 현실처럼 착각하기도 하고 인터넷에서 수집한 지식정보를 검증과정도 없이 그대로 믿어 버리고 그 사실이 현실인 것처럼 착각하는 오류를 범하기도 한다. 이러한 오류는 우리들 본래 가지고 있는 이성과 직관적인 사고능력을 떨어뜨려 오로지 인터넷상에서 습득한 지식정보를 신앙처럼 믿게 되는 망상을 하게 된다. 그 망상의 결과로 인해서 많은 사람들이 디지털 기술에 너무 의존한 나머지 첨단 기술의 노예가 되는 상황이 현실적으로 일어나고 있다.

인터넷 내부의 세계는 가상세계이다. 이 세계는 디지털 기술도구의 이해가 완전히 되지 않는다면 이 기술이 도리어 우리들의 사고력을 무디게 하고 현상의 진실을 보는 눈을 멀게 할 것이다. 따라서 우리는 첨단 기술이 우리들의 삶을 영위하는 데 보조적인 도구임을 분명히 인식해야 하며 그 기술에 대한 절대적인 믿음을 갖는 행위는 우리 자신의 내면을 황폐화시키고 결국은 우리 스스로 아무것도 사고할 수 없는 존재로 전락할 수도 있다는 사실을 알아야 한다. 우리는 우리 자신이어야 하며 첨단 기술에 의해 만들어진 도구에 너무 심취해서는 안 된다. 도리어 우리는 첨단 기술의 올바른 활용을 통해서 현대의 기술이 발생한 진짜 모습을 보고자 하는 탐구정신을 더욱 발현시키는 기회로 승화시켜야 한다. 이러한 첨단 기술은 우리들의 탐구정신을 통한 창조력을 극대화할 수 있는 더없이 좋은 도구이기 때문이다. 다시 이야기해서 인터넷을 이용한 최신의 정보와 지식의 수집을 통해서 새로운 기술 혹은 다양한 분야 언어를 창조하기 위해서 필요한 도구라는 것만 인식해야 한다.

그래서 지금도 누군가는 디지털 기술을 철처히 도구 삼아 새로운 창조 언어 혹은 개념들을 꾸준히 외부로 표현하여 문화의 진화를 시도한다. 그렇게 창조되어진 언어를 다양하게 표현할 수 있는 경로는 디지털 안에 숨겨진 숫자의 언어를 통해서 만들어진다. 더 나아가 일부 호기심 많고 창조성의 역량을 가진 사람들은 디지털 언어를 이용하여 인간의 두뇌 속에서 작용하는 사고하는 형식을 모방하는 기계를 만들어 내는 용도로 사용하고 있다. 즉 디지털 기술을 활용한 우리 인체의 중요기관인 뇌의 비밀을 밝히기 위해서 수학언어를 적극 활용하고 그 기능을 복제하려는 시도는 계속되고 있으며 실질적으로도 많은 성과가 있다.

이렇게 인간의 호기심은 끝도 없이 창조의 욕망을 채우기 위한 노력이 우리들 문명 진화의 힘이 되었다. 이 힘이 우리들이 본래 가지고 있는 원초적 창조본능이며 그 본능으로 삶의 흐름을 멈추지 않았고 그 형태만을 무한히 변화시키고 있으며 앞으로도 그렇게 변화될 것이다. 우리들이 살아가는 과정 속에 창조는 자연스러운 행위이다.

그래서 우리들의 본성이 디지털 기술에 종속되지 않기 위해서는 우리 자신의 모습을 잃지 않고자 하는 자신의 점검을 철저히 할 것이 필요하다. 왜냐하면 우리들이 만들어 낸 기술은 그저 도구이며 그 도구를 활용하여 더 나은 삶을 위한 아이디어를 발현시키기 위하여 적극 이용할 뿐이다. 그런 의미에서 디지털 기술은 우리들의 삶을 행복하게 해 줄 수 있는 기대감을 현실화시키기 위한 창조적인 콘텐츠 생산을 위한 효율적인 기계이다. 따라서 우리들이 무엇인가를 창조한다는 것은 말로만 행복한 삶을 살기 위함이 아니다. 진정한 행복의 정의는 우리들이 무엇인가를 창조해 나가는 과정에서 생기는 기대감과 함께 행복기능이 작용하는 현상 그 자체이며 그 행복감을 계속 느끼기 위해서 또 다른 창조의 과정만을 연속할 뿐이다.

첨단 기술은 우리들의 행복한 삶을 절대 보장하지 않으며 도리어 우리들의 본래능력을 발휘할 수 있는 에너지를 고갈시켜 기술의 노예로 전락시킬 위험이 있다. 우리는 이러한 삶을 위해서 첨단 기술을 탄생시키지는 않았을 것이다. 창조력은 우리들 안의 행복의 모습을 상상한 그림을 현실화시키는 과정을 지속적으로 연결함으로써 발현이 된다. 그러한 삶을 위해서는 우리가 누리고 있는 첨단 기술문명의 사전을 적극 활용하는 지혜 역시 필요하다. 이것이 이 시대가 진정으로 요구하는 창조력이다. 즉 이 시대는 디지털 기술을 이용하여 시공간을 초월한 사유의 힘을 극대화하여 우리들 사고력을 창조적으로 업그레이드 할 수 있는 최적의 기회를 맞이한 것이다.

융통합은 입체적인 시각으로 보는 것이다

융통합을 한다는 것은 대상을 바라보는 우리들 시각의 한계를 극복하는 훈련과 함께 지속적으로 새로운 콘텐츠를 생산해 내는 작업이다. 지속적으로 콘텐츠를 생산한다는 것은 창조적인 결과물을 통한 문화의 패러다임을 계속 바꾸어 나가고자 하는 우리의 무의식적인 본능에 따르는 일이다. 문화패러다임의 교체는 다양한 지식정보들을 기반으로 하며 내면에 입력된 지식정보들을 우리들의 직접적인 경험과 연결하는 과정에서 생긴 창조적 아이디어를 적극 활용하는 가운데 생기는 현상이다.

콘텐츠 창작은 작은 아이디어들이 무의식 속에서 연합되어 획기적으로 그려진 창조그림이 외부로 묘사됨을 이야기한다. 다시 이야기하면 무의식에서 시작된 창작을 위한 그림의 조각들이 의식의 수면으로 자연스럽게 떠오른 이미지를 외부로 구체화시키는 작업은 지식정보의 융통합을 통해서 창조적 결과물로 이어진다는 이야기다. 즉 우리의 본능은 여과 없이 얻은 정보를 통해서 얻어진 상상의 그림을 의식과 무의식안의 관련된 지식결합을 통해서 자신이 신념한 세상으로 바꾸고 싶어 하려 하는 욕망 그 자체이다. 즉 그러한 욕망을 충족시키고 우리가 원하는 최대한의 결과를 만들기 위해서 우리는 지속적인 지적 자극과 정렬이 필요하다.

지적 자극은 이루고자 하는 일의 크기와 상관없이 필연적이고 자동적으로 확장하는 우리들의 본능적인 내면활동이기는 하지만 그 확장의 역량에 따라 창조작업의 결과도 달라진다. 우리는 싫든 좋든 지적 역량의 '결합'에 의해서 모든 행동이 결정된다는 뜻이기도 하다.

그래서 우리는 비범한 창조성을 자신 안에서 발현시키기 위해서는 그 영역을 의식적으로 넓히는 연습을 해야 한다. 융통합적 사고방식을 가지기 위한 연습의 기본은 우리가 세상을 보는 작업부터 출발하는 것이다. 본다는 것은 단순히 사물을 보는 행위 자체를 초월하여 그 진실을 본다는 의미이다. 육안을 통해서만 보는 행위는 자신이 가진 지식과 경험 이상의 것은 보지 못하며 도가 지나친 자신의 지식에 대한 믿음은 창조 본능을 파괴하는 원인이 되기도 한다. 융통합적 사고의 근본은 오직 이것이라는 절대적인 답을 갖지 않는 유연한 사고와 함께 사물을 있는 그대로 바라보고자 하는 의지 속에서 그 답은 스스로 모습을 드러낸다. 즉 찾고자 하는 답에 무게 중심을 둔다기보다는 언제나 답을 찾는 과정에서 불현듯 일어나는 자신의 의식 속의 그림에서 만들어지고 그 진실은 끝없는 연속성을 가진다. 따라서 유연한 시각을 통해서 사물에 대한 성급한 판단을 유보하고 넓고 깊게 사물을 다방향으로 지켜보아야만이 대상에 대한 답을 볼 수가 있다. 새로운 답은 언제나 다음의 과정을 연속적으로 예고하고 있다는 사실을 인식한 조건에서 말이다.

창조적인 결과물을 만든다는 행위 역시 대상에 대한 다양한 모습을 관찰하는 과정을 즐기며 끝없이 답을 찾아 가는 여정에서 만들어진다. 입체적인 사고를 한다는 것은 이런 것이다. 입체적인 사고는 다양하게 적용해 볼 수 있는 지적 역량과 함께 감정을 배제한 순수한 눈만을 필요로 할 뿐이다. 조급하게 무엇인가를 이루려는 모습은 그저 우리들의 욕심일 뿐이며 그러한 성급함 때문에 유연하고 창조적인 사고는 발현되지 않는다. 순수한 눈은 우리의 육안만으로 보는 것이 아니라 내면의 에너지와 연합하였을 때 비로소 그 눈이 자신만의 시력을 가지게 되고 동시에 누구도 전혀 느끼지도 보지도 못한 대상의 실체를 자신만의 안목으로 대상의 다양한 면을 볼 수 있는 통찰력을 가질 수 있다.

입체적인 사고는 지적 역량에 따라 비범함과 평범함의 언어의 경계를 소멸시키는 행위이다. 따라서 입체적인 사고는 항상 똑같은 그리고 의미없는 반복적인 생각들을 거부한다. 우리들의 악습은 늘 해 왔던 방식을 고수하며 익숙해진 습관에 따라서만 행동을 하려는 감각만을 의지한 악습 때문에 우리는 경직된 사고와 함께 창조적인 성과를 만들어 내지 못한 것이다. 그래서 우리는 자기 자신에게 새로운 과제를 매일 부여하여 내면 안에 웅크리고 있는 창조성을 이끌어 내는 사고 훈련을 통해서 이 능력을 스스로 이끌어 낼 수 있다. 이러한 연습시간의 축적에 의해서 우리는 세계가 원하는 탁월한 콘텐츠를 만들어 낼 수가 있다.

우리들이 만나는 지식정보는 책에서만 만나는 것이 아니다. 우리가 살아가는 동안 도처에 보여지는 모든 것들이 지적 역량을 쌓기 위한 자료들이다. 다만 그 광범위한 자료들을 나만의 눈으로 새로운 모습을 볼 수 있는 시력을 가졌을 때 세상의 모습은 모두 창조에 필요한 자료가 된다. 그러한 눈은 자신의 창조성을 자극할 수 있는 지식들을 최대한 습득하려는 의지와 실천을 통해서 밝아진다. 그렇게 밝아진 눈에 인식된 대상 속에서 우리는 무한대의 창조 이야기들을 볼 수 있는 통찰력이 생기는 것이다.

입체적인 사고를 통한 결과의 증거는 작업된 결과의 모습이 자신만의 개성과 특별한 아이디어가 세계의 공감을 얻으며 탁월한 성과와 자연스럽게 연결되며 동시에 대중들에게 특별한 보너스와 찬사를 받게 된다. 사실 우리가 새로운 생각의 결과물을 통한 창조적이고 탁월한 성과물을 세계에 발표하고자 하는 목표를 자신을 위한 성공을 위한 것도 나쁘다고는 할 수 없지만 그보다는 창조성을 공익을 위한 콘텐츠로 그 방향을 확장시킬 때 그 보상은 사실상 더욱 크다. 왜냐하면 자신 혼자만의 힘으로 누구나 인정할 만한 성과를 이룬다는 것은 한계가 있기 때문이다. 따라서 다양한 경험을 가진 사람들과의 상호 협력을 하는 과정 역시 필요하다. 그래서 책을 통해서 지적 역량을 쌓는 것과 함께할 수 있는 한 다양한 분야의 사람들과 진지한 소통을 통하여 그들의 경험을 진지하게 경청하는 실천 역시 중요하다. 어리석은 상호 교류는 사람과의 만남 속에서 자신이 취하고자 하는 목적만을 얻기위한 교류이며 오히려 그 관계는 자신 안에 불편함만 쌓일 뿐이고 그 불편한 감정은 고스란히 타인에게 투사되어 그 교류의 진정한 의미는 사라진다. 그러한 행위는 내면 안에 잡념이 되어 우리들의 순수한 창조력을 깨우는 방해물로 작용될 뿐이다. 따라서 타인의 이야기를 경청하는 행동을 통해서 서로의 역량을 쌓는 데 암묵적인 도움을 주는 것, 이것이 입체적 사고 역량을 키우는

데 중요한 역할을 한다. 그 효과로 인해서 자신이 미처 깨닫지 못한 사물이나 현상에 대한 다양한 면을 볼 수 있는 능력이 키워지기 때문이다.

융통합적 사고와 연결된 입체적인 시각으로 세계를 관찰하는 행위는 과거부터 가지고 온 자신의 낡은 습관과의 과감한 결별과 기존에 가지고 있던 악습과의 충돌을 피하지 않는 용기 역시 필요하다. 그러한 악습을 극복한 만큼 모두가 만족하는 탁월한 성과를 기대할 수 있기 때문이다.

디지털 시대의 창조적 노동자

　디지털 시대는 인간의 노동능력을 거부하는 시간이 될 확률이 높다. 아니 그 현상이 나타났다고 하는 것이 맞을 것이다. 디지털 기술 같은 첨단 기술의 획기적인 발전의 동기는 우리들 삶을 편리하게 하려는 목적으로 그 기술을 최초 개발했지만 그 기술이 도리어 우리들의 사고 능력을 모방하여 몇 배 아니 몇천 배 빠르고 신속하게 업무처리능력을 발휘하여 인간이 해야 할 일을 점차 빼앗아 갈 준비를 하고 있다. 이러한 문제 발생은 인간을 위하여 만들어진 기술이 오히려 인간의 고유능력을 퇴화시키는 결과를 우리 스스로 불러들인 일에 대한 우리 모두의 책임이 될 것이다. 왜냐하면 우리 모두가 디지털 기술 개발에 참여하지는 않았지만 대다수 사람들의 과도한 편리함만을 추구하는 우리들 욕망의 전달을 통해서 소수의 비범한 능력을 가진 사람들의 창조본능을 자극했기 때문이다. 그러나 이 기술이 꼭 재앙을 불러들인다는 이야기는 아니다. 이러한 첨단 기술 역시 우리들의 사고에서 나온 문화의 형태가 변화되는 과정임을 분명히 인식하고 동시에 우리들이 이 기술문화를 최대한 활용하는 지혜가 필요하다는 것을 자각한다면 말이다.

　우리들 스스로가 불러들일 수 있는 재앙의 큰 원인은 이미 만들어지고 가공되어진 정보를 우리들이 원한다면 언제든지 키보드 한 번의 클릭으로 거의 무한정 정보를 얻을 수 있는 편리함에만 의존하는 안일함 속에서 생긴다. 그렇게 태만한 행위의 결과로 인해 편하게 얻은 정보를 약간의 재가공을 하거나 아니면 정보의 겉면만을 그럴듯하게 편집하여 자신이 최초에 생각해낸 정보인 양 스스로 착각을 하며 발표하는 자기기만 같은 병적 증상을 유발시킨다. 이러한 콘텐츠 제작에 대해서 스스로를 대견해하며 자기 자신을 속이는 습관의 반복이 병적증상을 깊게 한다. 이 말은 인터넷 같은 가상 공간에서 만난 정보는 최초 누군가가 만들어 내었거나 생각해 낸 최종결과물이라는 사실을 인식할 수 있는 기본적인 윤리관에는 전혀 관심이 없는 사람들이 지속적으로 등장하고 있다는 이야기이다. 즉 편리한 기술 도구를 활용하여 지식을 짜깁기만을 했던 편집물을 재창조라는 그럴듯한 단어로 자신을 포장하며 그렇게 탄생된 콘텐츠가 최초로 창조된 정보 혹은 지식이라고 자기 내면 속의 지적착각을 일으켜 자신과 대중을 기만하는 정신적 오류가 지속적으로 발생하고 있다. 그러한 과정의 반복으로 인해서 자신을 창조적인 아이디어를 많이 생산할 수 있다는 사람으로 과대 포장하는 병폐가 첨단 기술의 발달로 인해서 생긴 신종 병이다. 그 병의 악화로 인해서 우리들은 스스로를 믿는 힘이 약해지고 디지털과 같은 첨단 기술의 특수한 신앙에 빠져 현실과 동떨어진 공허감에서 허우적거리는 일이 발생하는 것이다. 이러한 현실을 보면 우리는 어쩌면 디지털 전체주의 행렬에 자신도 모르게 동참하고 있는지도 모르겠다는 생각마저 든다.

첨단 기술을 만들어 낸 주체가 인간에서 첨단 기술로 그 주체가 이동하여 기술에 대한 신격화 현상마저 생기지 않을까 하는 우려 역시 된다. 즉 자신에 대한 신념을 묻는 방향이 나 자신이 아니라 가상세계에서 알려준 정보를 자신도 모르게 절대적으로 믿어 버리는 괴이한 현상마저 벌어지고 있으니 말이다. 마치 과거에 '신'에 대한 막연한 추측으로 인간 스스로 만들어 낸 유일신에 대한 관념처럼 우리가 고도의 첨단 기술에 대한 막연한 믿음으로 우리가 그 도구에게 완전히 신처럼 완전히 굴복하는 것은 아닌지 모르겠다. 억측한 표현인지는 모르겠으나 사실 그러한 조짐들이 보이는 것은 분명하다.

인간은 외부의 힘—구체적으로 드러나지 않고 변형이 무한정한 힘—이 개인의 삶에 지속적으로 영향을 미치면 자신도 모르게 굴복하며 그 병이 전체 사회에 번져나가게 하는 정신적 유행병 병균의 보균자는 다름아닌 우리 자신들이라는 사실을 알아야 한다. 다시 말을 하면 디지털 기술을 이용한 첨단 기술은 우리가 사고할 수 있는 영역을 넘어 우리들의 내면을 지배하는 힘이 강하기 때문에 우리가 방심하는 사이 내면 안의 유행병의 뇌관을 자극할 수 있는 능력이 충분하기 때문이다. 그 힘은 강압적이지 않고 부드러운 설득으로 무한정적인 편리함을 제공하며 서서히 우리의 정신 속으로 들어오는 정신적 쾌락제로 작용한다. 그 예를 한 가지 들자면 과거에는 우리가 어떠한 지식정보를 알고자 하는 욕망이 생기면 그 지식을 습득하기 위해서 많은 시간과 노력을 기울여 힘겹게 그 지식 혹은 정보를 습득하게 되었다. 그러나 지금은 그러한 불편함을 디지털 기술은 말끔하게 해결해 주기 때문에 우리는 더욱 가상공간에 의존하는 습관을 기르게 하는 그 자체만을 가지고도 첨단 기술이 가진 강력한 설득의 힘을 느낄 수 있다. 그 힘은 매우 강력하다.

분명히 알아야 할 것은 무엇이 우리들의 현실에 출현되었든간에 최초의 아이디어는 사람에서 출발했다는 단순한 사실을 인식해야 한다. 즉 창조적인 사고를 하는 누군가가 처음으로 생각해 내고 자신이 생각한 결과를 세상에 발표한 그 누군가는 기계가 아니라 사람임을 우리는 분명히 알아야 한다. 모두 알고 있는 이야기이지만 우리는 어떠한 신(新)문화의 매력에 길들여지면 그 최초를 자주 망각하는 습관이 있기 때문이다. 다시 말해서 창작된 모든 문화는 사람이 만들었고 진화를 유도하는 힘 역시 사람에 의해서 나온다는 것을 잊지 말아야 한다. 만약 모두가 알고 있는 사실을 잊어버리는 습관을 계속 유지하고자 한다면 우리는 창조적인 소수자들이 만들어 놓은 탁월한 기술에 스스로 절대자와 같은 그림을 그려 종속하고자 하는 사고의 무기력증으로 인해 우리 스스로가 아닌 첨단 기술의 노예가 됨은 자명하다.

　이제 선택만 남아 있을 뿐이다. 현명한 선택을 한 사람들은 자신의 사고력을 둔화시킬 수 있는 낡은 악습들을 과감히 제거해 나가고 그 자리에 새로운 지식정보와 함께 그 본모습을 탐구하는 연습을 할 것이다. 그러한 훈련의 성과는 광범위한 지식정보의 습득과 함께 자신을 초월한 사유능력을 통해 자신 안의 창조 에너지가 발현된다. 진정한 사유를 통해 보여진 존재 안에서 보이지 않는 존재에 대한 호기심을 갖고자 하는 실천이 바로 창조작업의 시작이다. 이렇게 우리가 과거부터 의존해 왔던 모든 습관들을 철저히 점검하고 교정하는 훈련들이 축적되면 우리는 창조적인 신(新)문화를 제작하는 소수인들의 대열에 합류하게 되는 것이다. 우리가 융통합적이고 창조성을 가진 사람이 되기 위해서는 자신 안에 보물처럼 간직해 왔던 강한 신념도 사유의 독이 된다면 과감히 버릴 줄 아는 용기 역시 필요하다.

우수한 신(新)문화의 창작은 우리들 내면 안의 영혼과 외부의 육체를 함께 사용해야 비로소 만들어지며 이 일이 우리들이 진정 수행해야 할 가치 있는 노동이다. 단순히 생계를 위한 노동만을 하는 것은 항상 한계성을 가지고 있다. 노동의 본래의 의미는 단순히 생계를 이어나가기 위한 일 그 이상을 포함하고 있기 때문이다. 그 의미는 노동을 통해서 우리의 실존을 자각하며 동시에 새로운 창조 에너지를 얻기 위한 또 하나의 구동력이 되는 근본 힘이기 때문이다.

우리는 현대의 기술이 만들어 낸 로봇이 노동을 수행하는 것을 보고 노동의 신성함을 이야기하지 않을 것이다. 신성함이란 단어는 오로지 인간에게만 쓰일 수 있는 단어이고 그 단어 안에는 육체와 영혼의 '합일'의 의미가 포함되어 있기 때문이다. 왜냐하면 사람은 신체와 영혼이 합일되어야 움직일 수 있는 존재이기 때문이다. 그러한 우리가 점점 첨단기술의 상징인 인공지능을 점차 닮아 가고 있는 듯하다. 인공지능은 우리가 만들어 낸 편리한 도구일 뿐이다. 그것도 우리의 창조성을 더욱 빛나게 해 줄 수 있는 가장 활용성이 높은 보조기계 말이다. 우리는 만들어 낸 기계를 그저 적극 활용을 할 뿐이다. 아니 해야만 한다. 인공지능이라는 기계가 보내 주는 방대한 지식정보는 우리의 힘만으로 그렇게 신속하고 빠르게 검색할 수가 없지만 그 지식정보를 가지고 수없이 많은 창조작업의 가지를 연결할 수 있는 더욱 강력한 힘이 우리에게 있다. 그 힘은 기계가 찾아 준 지식정보를 바탕으로 우리들이 창조의 혼을 불어 넣었을 때 생긴다. 단순한 조합이 아니라 그 안에서 보이지 않는 새로운 이야깃거리를 찾아야 한다는 말이다. 이러한 작업을 지속하는 사람이 창조적인 노동자이다. 기계는 혼이 없다. 오로지 인간만이 창조의 본능과 진정한 노동자의 혼을 가지고 있다는 사실을 우리는 강하게 신념해야 한다. 즉 우리들 본성 안에 있는 무엇이든 창조할 수 있다는 강한 믿음을 망각하지 말아야 한다는 이야기이다. 만약 그러한 중대한 사실을 잊어버리고 우리들의 고귀한 능력을 포기하고 고도기술이 탄생시킨 기계에게 그 역할을 맡긴다는 것은 스스로 우리의 존엄성을 포기하는 일이다. 우리는 첨단 기술을 이용하여 내면의 창조력을 극대화하는 기회를 스스로 만들어야 한다. 이러한 사람만이 창조적인 노동자라고 부를 수 있다.

융통합적 사고는 경험의 축적 속에서 발현된다

융통합한다는 것은 단순한 지식의 축적이 아니라 서로 다른 개념 속의 그림의 내부를 성실히 탐구한 결과 얻어진 상상의 그림을 최종적으로 구체화시키는 작업이다. 다시 말해서 우리들의 두뇌 속에 있는 정보를 처리하는 과정은 문자의 형태로 축적되는 것이 아니라 그림언어로 최초 저장이 된다. 두뇌에서 받아들인 모든 지식정보가 일차적으로 인식한 외부현상의 모습은 그림의 연속성을 통해서 우리 내면 속에서 자동배열되고 그 작업의 중요도와 깊이에 따라 추론의 과정과 함께 상상기능으로 연결된다. 연결된 상상은 내면 속에서 또 다른 이질적인 그림을 그려 차츰 그 형상의 깊이와 넓이를 확장해 나가는 기능이 융통합적 사고의 본질이다.

우리의 일상은 그림으로 연결되어 있으며 동시에 현실의 눈을 통해서 투영된다. 예를 들어 우리가 길을 걸어가면서 풍경을 본다는 것은 육안을 통해서 그림을 보는 행동과 함께 우리의 의식과 무의식의 세계 속에서는 시간과 공간이라는 보이지 않는 존재의 개념을 감각적으로는 흔히 지나치는 현상을 내면에서는 명백히 저장하면서 새로운 이미지를 자동적으로 연출하여 우리의 내면에 축적한다는 말이다. 즉 우리들 육안을 통해서 보여지는 풍경은 개인이 주관적으로 인식한 경험 이미지들과 내면으로 자동 연결하여 또 다른 내면의 모습으로 관념화시키는 자연발생적으로 생긴 우리만의 작업공정인 것이다. 이 공정이 두뇌 속에서 매일 작업하고 있다는 사실을 대부분의 사람들은 무심히 넘겨 버리는 듯하다.

창조력을 가진 사람들은 이러한 내면의 사고 프로세스를 예민하게 관찰하여 수준 높은 그림이미지로 승화시키고 동시에 바깥으로 강하게 표출하며 세계의 문화 패러다임을 변화시키는 창조자가 되는 것이다. 그러한 뛰어난 외부표현의 이면에는 이질적인 정보를 컴퓨터가 아닌 자신의 순수내면에서 가공하여 오랫동안 축적시킨 지식정보와 함께 폭발을 일으킨 것이 그 근본 원인이다. 의미 없는 아이디어의 남발은 사실 그저 이해만 된 문자언어해독 그 이상이 아니며 진정한 융통합적인 사고를 통한 작업프로세스는 자연발생적으로 숙성된 지식정보가 전혀 다른 모습으로 변하여 외부를 향하여 표현된다. 창조적인 아이디어는 그렇게 만들어지는 것이다. 다시 이야기하면 창조성의 본모습은 유(有)에서 유(有)가 아니라 진정한 무(無)에서 유(有)를 향해 시행착오를 지속적으로 경험하며 앞으로 나아가고자 하는 끝없는 시도이다. 라이트 형제가 비행기를 만들어 내었던 것처럼 말이다.

최상의 아이디어는 우리가 무(無)를 향해 앞으로 전진하는 과정에서 갑자기 누구도 보지 못한 인류문화 패러다임을 교체할 콘텐츠가 비로소 탄생하는 것이다. 그러한 실천을 하는 사람들이 진정으로 거장이라고 불리는 것이다. 융통합 사고의 마지막 프로세스는 외부로 아이디어를 쏟아내는 행위가 마지막 단계이며 이것은 대중의 공감을 얻기 위한 구체화작업이 필수적이며 이 기능은 문자 또는 언어를 통한 또 다른 실증을 위한 논리를 필요로 한다.

우리가 말과 글을 통해서 표현을 한다는 것은 어떤 대상의 현재 모습을 또다시 새롭고 신선한 모습으로 전환하여 타인에게 전달하기 위한 특별한 설득 기술이다. 이것은 인간이 가진 고유표현 능력인 문자와 언어를 통해서만이 타인에게 전달이 가능하기 때문이다. 진정한 표현이 없는 창조적인 사유는 자신만이 향유 그 이상은 아니다. 왜냐하면 대중과의 소통은 다음의 새로운 과제를 이어가기 위한 자료를 획득하는 중요한 과정이기도 하기 때문이다. 자신만이 즐거워하는 사유는 자칫 편협한 사고를 연습하는 결과를 초래한다. 우리가 지식정보를 습득하는 진정한 이유는 문자와 언어 자체의 표현 속에서 논리성으로 포장된 결과물을 가지고 문자와 언어 내부의 알갱이인 관념의 언어와 함께 사유의 역량을 확장하기 위함이다. 최초의 지식정보를 생산해 낸 사람들 역시 이러한 인간의 고유능력을 적극 활용하여 또 다른 창조적인 개념을 생산해 낸 것은 당연하고 그들은 그 지식정보를 통해서 우리들에게 무언의 주문 내용을 문자언어 속에 숨겨진 그림언어를 찾아 내어 또 다른 이야기로 이어가기를 바랄지도 모른다. 즉 문자와 언어를 통해서 최초 지식생산자의 내면 깊숙히 축적된 원초적인 느낌을 사유할 수 있는 힘을 키우는 연습이 필요하다는 이야기이다.

우리들의 사고력은 문자와 언어를 단순히 이해하는 수준으로서는 사고의 확장은 되지 않는다. 진정한 사유를 한다는 것은 문자언어 속에 깊숙이 감춰진 상대방의 경험을 내면화하는 것이다. 그렇게 타인이 경험한 이야기를 담은 문자와 언어 속의 그림언어들이 지속적으로 연결을 하고 동시에 우리가 직간접적으로 경험했던 지식정보들이 사고의 융합이 이루어지는 과정에서 신뢰성이 높은 아이디어가 발현된다.

Chapter 3

기술과 상상력의 융통합적 만남

융통합적 사고를 통한 신지식의 생산

　신지식을 만든다는 것은 사유의 끝을 향해 달려가고자 하는 강한 의지가 일어날 때 새로운 지식의 개념을 만들어 낼 수가 있다. 진정한 사유는 기존의 지식정보가 알려 주는 힌트를 가지고 우리의 의식을 초월하는 행위이다. 즉 우리들이 지식정보와 함께 사유한다는 것은 새롭게 생산하고자 하는 개념을 위해서 지식정보의 범주를 지렛대 삼아 또 다른 창조적인 개념을 위한 아이디어를 생산하는 것이다. 이러한 기존의 지식정보의 힘을 무시한 사유는 그저 공허하고 쓸모없는 결과만을 양산할 뿐이고, 지식정보의 범주를 통해서만 우리의 무의식 속의 고정관념의 기억들과 의도적인 충돌을 통해서 창조적인 아이디어를 생산하기 위해 필요한 에너지를 우리들이 안정적으로 공급받을 수 있다. 이러한 창조에너지의 원천이 고갈된 상태가 지속되면 조잡한 개념의 연결을 이어가며 착각과 불안감을 스스로 조장하는 원인이 되기도 한다.

　사실 신지식을 만든다는 자체가 대중들의 공감을 필요로 하는 개념을 창조해야만 세계에서 인정하는 지식정보로써 가치를 인정받을 수 있는 고단한 작업이기도 하다. 다시 말해서 우리가 생산한 신지식들은 보편성 있는 개념 속에서 그 개념 속의 특수한 사항을 발견하여 그 개념을 다시 일반화시킴과 동시에 타인의 이해까지 얻어 내야 비로소 창조적인 지식정보라는 자격을 부여받을 수 있다. 그래서 이 작업은 창조적인 활동을 멈추지 않고 계속해야 한다는 의무를 스스로 가져야만 하는 이유를 계속 연장해야 하는 부담감을 계속 가지고 있어야 하기에 결코 쉬운 작업은 아니다. 그렇지만 우리는 신지식을 생산할 수 있는 창조성을 이미 가지고 있고 그 능력을 사용하기를 주저하지 않는다면 우리 모두가 가지고 있는 특권을 누려야 할 의무를 수행하기에 그 과정이 어렵다거나 고단하다는 느낌을 받을 일은 없을 것이다.

모든 부담감의 원인은 우리가 창조적 사유를 위한 연습 부족으로 인한 심리적인 불균형 상태이기 때문이다. 이러한 장애는 부단한 사유 연습을 통해서 극복된다. 오히려 우리 모두 가지고 있는 인간 본성의 능력을 모두 사용하지 않았을 때 불행한 현실의 경계가 생겨난다.

우리가 가진 모든 능력을 사용해야 하는 이유는 우리는 본능의 소질만을 갖고 태어난 동물이 아니기 때문이다. 동물은 본능만을 쓰도록 세계에 존재하기 때문에 그들은 본능의 사용만으로도 충분히 행복하다. 그러나 인간은 1차적인 욕망을 해소하는 것만으로 만족하는 그런 존재가 아니다. 인간은 육체적인 포만감과 함께 정신적인 안정감을 지속적으로 느끼고 그 느낌마저도 스스로 만들어 내고자 하는 그런 2차적 본능적 욕구를 버릴 수 없는 존재이기 때문이다. 즉 동물에게는 식욕과 번식만을 위해서 원래 설계된 대로 본능적인 계획만 있지만 사람에게는 원래 설계된 자신만의 욕망을 더욱 확장시키기 위해서 이성과 직관적 사고능력 그리고 그 외의 생각 능력을 최대한 활용하여 이미 세워진 목표를 이루기 위해서 상황에 따라 수시로 자신의 생각을 변화시킨다. 즉 사람은 원하는 상황을 만들기 위한 목적을 가지고 사고의 확장을 위한 필요한 지식을 쌓기도 하고 다양한 사람들과 소통을 통해서 새로운 경험을 축적시킨다. 이러한 지속적인 노력은 결국 자신의 발전을 통해서 결핍된 욕망의 그릇을 채우는 것이 진정한 목적이다.

결국 우리는 지속적인 사고의 활동을 통해서 자신 안에 좋지 않은 경계를 극복하고자 하는 본능이 있었기 때문에 지금 우리의 모습이 존재하지만 역으로 사고의 유연성을 오로지 자신만의 욕망을 채우기 위한 용도로 사용하기 때문에 자신의 역량이 좁아지고 세계의 경계에서 자유롭지도 않은 것도 사실이다.

우리 자신을 창조적인 신지식 생산자로 만들기 위한 융통합적 사고는 최대한 많은 지식정보를 필요로 하며 그 지식정보의 사용 용도를 발생하는 현상에 대해서 포괄적으로 사유를 했을 때 창조에너지가 지속적으로 생산된다.

지식정보의 융통합을 위해서 저자들의 다양한 생각의 패턴을 읽는 것부터 출발한다는 것 또한 인식해야 한다. 저자들의 생각패턴을 읽기 위해서는 자신에게 치열하게 질문하고 답을 해야 하는 수고가 뒤따르지만 그에 상응한 보너스는 대단하다. 그저 문자와 언어만을 이해하는 행위는 간단한 문자언어의 이해는 있을지 모르나 표현된 글 혹은 언어의 마음까지는 이해할 수 없다. 우리는 다른 사람의 언어와 글을 통해서 그 속에 들어 있는 저자들의 사유의 결과와 서로 마주하며 자신이 축적해 나가고 있는 경험들과 함께 새로운 개념의 신지식의 씨앗을 키우고 길러 내는 과정을 통해서 새로운 창조적인 아이디어가 탄생함이 진실이다. 즉 저자들과의 끊임없는 질문과 대답을 통한 내면의 대화는 사물의 현상에 대한 또 다른 내면의 시각의 확장을 통해서 실체를 해석할 수 있는 힘이 생긴다. 보여지는 실체는 숨겨진 새로운 모습을 우리에게 보여 주기 위한 준비를 마쳤지만 그 참모습은 오로지 우리 모두 가지고 있는 내면의 눈을 통해서만 확장된 모습을 보여 준다. 그러한 확장된 모습의 구체적인 표현들이 신지식 생산과 관계를 맺게 되고 그러한 축적을 통해서 하이테크닉문화를 창조하는 진정한 신지식 창조기술자가 된다.

여기서 하이테크닉은 산업이나 과학분야에서만 쓰는 용어가 아니라 우리 자신의 삶의 기술을 연마하기 위한 종합적이고 상징적인 표현을 위해서 사용된 단어이다.

융통합적인 사고의 힘을 통한 신지식인이 된다는 것은 자신의 지성력을 지속적으로 발달시키며 자신의 삶과 연결된 과제의 분야를 확장시키려는 의지가 강한 사람이 된다는 것이다. 또한 그들은 자신 안에 고정관념과 낡은 생각들을 끊임 없이 제거해 나가고자 하는 열정 역시 가지고 있다.

신지식의 생산을 위해서 기본적으로 우리가 가져야 할 세계관은 모든 것은 하나로 연결되어 있다는 사실을 먼저 이해하는 것이다. 즉 우리에게 벌어진 현상이 발생한 근본을 끊임없이 찾아 들어가 모든 일이 완전한 하나라는 사실을 모두에게 보여 줌을 멈추지 않는 행위의 부산물이 신지식의 개념이 된다. 즉 신지식은 무(無)에서 유(有) 그리고 창작된 유(有)의 확산을 조장하는 작업이라는 사실을 이해하고 끊임없이 현상을 재창조하는 행위이다.

사고의 확장과 삶의 성공 관계

사고를 한다는 것은 다음의 행동을 하기 위한 예비과정이다. 즉 진정한 사고의 목적은 육체와 정신을 이용한 깊은 사유를 통해서 외부를 향한 표현의 오류를 줄이기 위한 필터링하는 작업이다. 우리가 오류를 범한다는 자체에 대해서 불편한 느낌을 받는 이유는 우리들 삶의 여정은 보이든 보이지 않든 룰의 적용을 받는다는 사실을 무의식적으로 믿기 때문이다. 사실 우리가 사고를 한다는 것은 어쩌면 수학 같은 비언어의 규칙을 자연스럽게 따르는 것은 아닌지 모르겠다.

사고를 하는 공정 자체를 가만히 생각하면 최초의 추상적이고 형이상학적인 상상을 하나의 합집합으로 형성하여 필요한 부분을 따로 분리하여 또 다른 집합체계를 형성하고 유추와 추론을 통해서 공통의 교집합을 추출해 내는 모습이 수학의 기호표현과 비슷하기 때문이다. 즉우리는 의도치 않게 사고를 계산적으로 수시로 하며 사물이나 현상에서 발생하는 호기심에 대한 문제를 풀려고 매번 애쓰고 있다. 그러한 자연발생적인 사고공정 프로세스의 공정도를 자세히 들여다 보면 우리는 본능적으로 수학적인 표현을 하고 있는 듯하다.

그러나 우리의 사고체계가 수학적이든 아니든 그것이 중요한 사항이 아니다. 사고 형식이 그무엇이 되었던지 간에 우리들이 사고하는 행위를 통해서 삶의 안정성과 풍요로움을 얻기 위하여 스스로에게 주어진 의무사항을 이행하는가 하지 않는가의 실천의 문제가 중요하다. 왜냐하면 사람은 생각을 해야만이 생존권을 유지할 수 있기 때문이다. 그래서 우리는 조금이라도 삶에 불편함도 느끼고 싶지 않기 때문에 사고하는 일을 단 1초도 쉬지 않고 늘 하고 있는 것이다. 이러한 사고 자체가 계산성을 가지고 있지만 그보다는 사고의 내용에 따라 삶의 형태가 바뀐다는 사실이 더욱 중요하다. 즉 많은 사람들이 사고의 계산성 자체는 나쁘게 생각하는 경향이 있지만 단어 자체에는 좋다 나쁘다 판단을 할 필요가 없다. 결국 계산성 있는 사고를 통한 삶의 최종 결과에서 좋고 나쁨이 결정될 뿐이다. 이것은 전적으로 자신의 선택일 뿐이다. 계산적 사고를 하여 이루고자 하는 목표를 통해서 얻게 될 이익을 자신에게만 한정했는가? 아니면 공익과 함께 나누고자 하는 대의적 목표에 두었는가의 차이점 말이다. 우리들은 무엇을 선택하든 사고의 계산성을 유지할 수밖에 없다. 그것이 우리의 본능이기 때문이다.

우리가 성공적인 삶을 산다는 것도 사고의 '질'에 의해서 결정이 난다는 사실도 자명하다. 삶을 성공적으로 살아 온 사람들은 그들의 사고내용이 매우 광범위하고 넓으며 대의의 목표를 가슴에 품고 자신 안의 사고프로세스를 안정적으로 진행시키지만 삶의 내용이 극빈한 사람은 언제나 자신만의 삶을 위해서 오로지 잔잔한 계산을 수시로 하며 눈앞의 이익만을 쫓아가는 이기적인 삶을 추구하는 사람의 사고내용은 빈약할 수밖에 없다. 그러한 사람들의 삶의 내용은 보잘것없으며 발전 역시 없다. 동시에 삶을 사는 사고방식과 사회에서의 행동은 어제 했던 생각들을 매일 되풀이하고 내일 역시 똑같은 생각만을 하고 그렇게 행동을 하기 때문에 자신의 능력을 스스로 퇴화시키고 있다. 즉 생산적이 아니라 감정소모적인 불필요한 사고 내용을 밖으로 지속적인 발산으로 자신의 소통능력이 퇴보하고 있다는 사실을 스스로 인지조차도 못한다. 그러한 불필요한 사고는 다람쥐 쳇바퀴 돌 듯 같은 행동만 매일 반복하고 결국 자신의 삶의 '질'은 계속 퇴보된다.

성공적인 인생을 살아온 사람들에 대한 판단은 밖에서 보여지는 간판, 예를 들어 명문학교의 졸업 유무, 사회적인 지위, 경제력 등으로 판단하는 것이 아니라 그 사람이 지금 하고 있는 행동과 말 그리고 생각의 표현에 따라 그 사람에 대한 진정한 판단 기준이 된다. 즉 그 사람의 올바른 판단의 내용은 그 행동이 폭넓고 긍정적이며 깊은 사고력을 통해서 지속적으로 대의의 행동을 외부로 표현하는 실천의 유무를 통해서 그 사람의 진위를 알 수 있다. 왜냐하면 그러한 인격을 가진 사람이 성공적인 삶을 살 확률이 높기 때문이다. 즉 제대로 형성된 인격의 토양 위에 자신에게 부여한 과제물을 완전히 수행하기 위한 꾸준한 지식정보를 축적시켜 나가는 것이 성공적인 삶을 살기 위한 과정이기 때문이다. 우수한 학교 졸업장의 진정한 가치는 그러한 인격을 바탕으로 할때 필요한 것이고 사회의 지위 역시 자신이 갈고닦은 긍정적인 인격과 함께 창조적인 지식정보를 공식과 비공식적인 자리를 통해서 자연스럽게 표현하는 모습에서 그 지위는 사실상 결정되며 그 부산물이 바로 경제력이다. 결국은 우수한 인격과 사고능력을 통한 품질 좋은 사고의 결과를 표현하는 사람이 우수한 사람이다.

그러한 사람들은 자신의 사고력을 지속적으로 확장시킨다. 왜냐하면 사고능력을 확장함으로써 자신 앞에 놓여진 문제들을 자연스럽게 해결을 하고 더 나아가 문제에 대한 근본 자체에서 다시 출발하여 자신만의 시각으로 재구성하여 외부로 표현하는 것이 자신의 삶을 성공적으로 이끌 수 있는 방법이라는 것을 알기 때문이다. 이러한 실천을 지속하는 사람이 창조적인 사고와 함께 성공적인 삶을 살아가고 있는 사람들의 특징이기도 하다.

사고력이 좋다는 것은 사물에 대한 호기심과 세밀한 관찰력을 가지고 있다는 이야기이고 호기심이 촉발한다는 이야기는 사물 속 현상에 대한 다른 해석을 할 수 있는 눈이 있다는 것이다. 그러한 사고의 습관을 가졌다는 것은 커다란 축복을 받은 것이다. 그런 습관이 창조적인 콘텐츠를 지속적으로 표현하도록 만드는 것이다. 삶의 성공은 그렇게 이루어지는 것이다. 사실 세상에서 벌어지는 모든 현상들은 우리들 생각의 표현결과이기 때문이다. 그 결과가 좋든지 나쁘든지 간에 말이다. 사고 확장을 위한 준비는 자신의 알고 있는 지식 혹은 경험들을 다시 한번 철저히 점검하는 것부터 시작된다. 그 기초가 자신이 알고 있는 모든 것에 대해서 문제의식을 갖는 것이다. 많은 사람들이 성공적인 인생을 살지 못하는 가장 큰 이유는 자신이 알고 있는 지식과 경험에 대한 맹목적인 집착이 그 원인으로 작용을 한다. 그러한 지식과 경험에 대한 맹목적인 믿음이 오류를 발생시키는 이유는 발생하는 모든 현상들이 언제나 변함을 전제하고 임시로 우리 주위에 머문다는 사실을 진심으로 믿지 않기 때문이다. 다시 말해서 세상에서 발생하는 모든 일은 불변이 아니라 항상 가변적이라는 이야기이다. 지금까지 알고 있던 지식정보와 경험들에 대한 절대적인 믿음은 자신 안에 사고의 힘을 퇴보시키고 그 자리에 아집과 독선 같은 쓸모없는 고정관념들이 자리잡는다. 그래서 우리는 지금하고 있는 생각들을 철저히 점검하여야만이 고정관념의 독을 지속적으로 제거시켜 나갈 수 있고 나아가 새로운 관점에서 세계를 볼 수 있는 눈이 생기는 것이다.

내면의 독인 고정관념을 제거하기 위해서 우리는 책을 통해서 우리의 생각에 대한 오류를 잡아 낼 수도 있고 타인들과의 소통을 통해서도 스스를 가르칠 수 있다. 방법은 다양하다. 다만 자신의 눈에 보여지고 느껴지는 모든 것에 대한 분별을 가지지 않아야 한다.

사고를 지속적으로 확장을 한다는 것은 새로운 문화패러다임 교체를 위한 콘텐츠를 생산한다는 이야기이며 이러한 작업의 축적이 우리의 인생을 성공적으로 이끌 수 있는 방법이다. 단순히 독서만을 한다고 되는 것이 아니고 열심히 일만 한다고 자신의 인생이 창조적이고 성공적인 인생을 사는 것은 아니다. 습득된 지식정보를 통해서 나 자신과 세상을 보는 내면의 눈을 키우는 훈련을 통해서 보이지 않는 새로운 지식정보들의 원천을 지속적으로 찾고자 하는 실천이 필요하다. 또한 발견한 지식정보들의 새로운 모습을 구체적으로 실증하고 표현하는 작업들이 축적되는 과정 역시 필요하다. 이러한 실천을 지속함으로써 우리는 성공적인 삶을 살 수 있는 기회를 얻게 되는 것이다.

문화콘텐츠를 창조한다는 의미는 무엇인가?

문화콘텐츠를 창조한다는 것은 어느 한 분야만을 이야기하는 것이 아니다. 우리들 삶에 영향을 미치는 모든 분야가 사실 문화이기 때문이다. 그 문화의 내용에는 철학, 역사, 문학, 과학 등 모든 것이 하나의 상징적인 단어 속에 종합적인 내용들이 모두 연결되어 있다.

문화를 창조하기 위해서는 개인의 내면 안의 강렬한 의식 혁명이 필요하다. 의식 혁명은 완전한 심리적인 변화를 통해서 일어난다. 그 변화는 원래 존재하던 것들에 대한 자신 생각의 관점을 자주 바꾸어 보아야 하며 동시에 최초 그 생각이 일어난 첫 번째 씨앗을 의식적으로 들여다보려고 하는 호기심을 가지는 것이다. 그러한 호기심은 우리들 내면의 거울에서 그 문제에 대한 새로운 면을 볼 수 있도록 해 준다.

우리가 무엇을 안다는 것에 대한 보편적 인식은 이미 만들어진 완성품에 대해서 감정을 느끼며 지각하는 것에 대한 판단을 하려는 1차적인 습관이다. 이러한 앎은 누구나 할 수 있는 얕은 앎이다. 창조적인 사고를 기반으로 새로운 콘텐츠를 만들어 내고자 한다면 1차적인 앎의 단계를 초월하여 이미 완성되어진 것처럼 보이는 사물들이나 현상들 모습 속에서 보이지 않는 모습을 찾기 위한 새로운 눈이 필요하다. 즉 어떠한 현상이나 사물이 항상 새롭게 존재되었다는 이야기이다. 그래서 우리는 다양한 분야들의 지식정보들이 연결되어 있다는 사실을 전제로 하여 바라보고 동시에 그 속에 보이지 않는 진실을 현상과 내면에서 분리해서 보려는 시도가 필요하다. 즉 사고의 분리와 결합을 자유롭게 할 수 있는 능력이 있어야 사물에 대한 새로운 면을 볼 수 있다는 말이다. 이러한 사고 속에서 새로운 문화 패러다임을 바꾸기 위한 콘텐츠가 만들어지는 것이다.

자동차의 예를 들어 보자. 평범한 눈으로 자동차를 보면 자동차의 디자인이나 편리한 기능 같은 단순한 기준으로 자동차를 대부분의 사람들이 보고 판단을 한다. 그러나 한층 더 자신의 눈의 역할의 범위를 조금 더 확장시켜 그 대상을 바라보면 자동차의 내외부에는 크게 선과 면의 복합체를 만들어 낸 미술의 내용이 있고 그리고 기계적인 구성체 안에는 수학, 물리학의 과목들이 종합적으로 연결되어 눈으로 보이지 않는 에너지의 운동성을 자동차를 이용하는 우리들에게 감각과 지각을 통해서 알려 준다. 그러나 자동차 안에 보이지 않는 이야기의 핵심은 기계 작동 속에 규칙적으로 발생하는 에너지의 운동이다. 이러한 운동성은 우리들의 육안으로 보이지는 않지만 분명히 존재한다는 것을 우리 모두는 알고 있지만 대부분의 사람들은 보이지 않는 에너지 자체에는 관심이 없다.

에너지 자체만 보더라도 무한히 콘텐츠를 만들어 낼 수 있는 추상적인 소리와 모습이 담겨져 있다는 사실에 대해서 소수의 사람들만 관심을 기울일 뿐이다. 과거 뉴턴의 만유인력이라든가 코페르니쿠스의 지동설 같은 창조적인 콘텐츠의 탄생 이면에는 사물과 현상에 대한 또 다른 모습을 보기 위한 특별한 관심에 의해서 발견된 호기심의 결과이다. 다시 말해서 본래 그 사물 혹은 현상의 형태를 갖추어지기 이전 본래의 모습을 찾는 작업의 조건을 충실하게 이행했을 때 문화 패러다임을 바꿀 수 있는 창조적인 개념이 생겨나는 것이다. 이러한 실천은 특별한 사람만이 할 수 있는 일이 아니라 우리 모두 그러한 능력을 가지고 있지만 관심과 실행의 의지가 없을 뿐이다.

무엇을 깊이 관찰하기 위해서는 정확하게 핵심을 꿰뚫을 수 있는 내면의 힘 즉 통찰력이 필요하고 그 힘을 기르기 위한 지속적인 훈련을 필요로 한다. 핵심을 꿰뚫는다는 이야기는 자신 안의 고정관념의 독을 제거하고 우리들에게 벌어지는 모든 현상이 연속적으로 다가온다는 사실을 진심으로 이해하고 동시에 다음의 상황을 예측하는 눈이 바로 통찰력이다. 먼저 그 힘을 키우기 위한 한 가지 방법을 제안한다면 우리들이 매일 수행하고 있는 일에 대한 내용의 관점을 바꾸어 보는 실천을 해 보면 효과적인 훈련이 된다. 즉 일의 내용 속에 담겨진 다른 이야기를 찾아내는 연습부터 시작할 필요가 있다. 그 연습은 지금 수행하는 작업과 이질적인 면을 가진 다른 개념과 연결을 하려는 시도를 통해 작든 크든 결과물을 최종적으로 만들어 보는 실천을 하는 과정에서 자신만의 창조 능력을 키우기 위한 좋은 훈련이 된다.

우리들의 삶은 모두 콘텐츠문화의 창조와 항상 함께한다. 왜냐하면 인간은 더욱 편리하고 안정된 삶의 욕구를 버릴 수 없는 존재이기에 크든 작든 매일 콘텐츠를 생산해 낸다. 다만 창작 되어진 콘텐츠의 품질에 의해서 그 사람의 삶의 등급이 만들어질 뿐이다.

우리들이 새로운 문화콘텐츠를 만들기 위하여 기술을 계발하고 진보를 시키려는 진정한 노력은 다양한 관련 지식정보를 습득하여야 하고 동시에 그것을 바탕으로 넓고 깊은 사유를 실천하는 과정에 있다. 그러한 평생의 교육을 자신에게 해야만이 창조의 아이디어를 얻기 위한 사물과 현상의 본질적인 문제에 접근할 수 있는 내면의 힘이 생긴다. 그 본질의 뿌리는 멀리서 찾는 것보다는 우리들의 생활 속에서부터 시작하여 사물의 본모습 속으로 서서히 생각을 연결하여 넓게 확산시켜야 한다. 모든 창조의 기본원리는 내면의 소프트웨어 기능의 지속적인 확장과 함께 외부의 하드웨어의 모양을 디자인하는 작업이다. 소프트웨어는 새로운 콘텐츠의 지속적인 생산을 뜻하며 하드웨어는 외부의 현상을 바꾸는 것이 창조라는 이야기이다.

이미 만들어진 콘텐츠들의 겉모습만 재편집해서 연결하는 작업은 창조 작업이 아니다. 그것은 개념과 개념의 단순한 나열일 뿐이고 자신이 진정으로 세계를 바라본 사고의 내용이 함유되지 않은 콘텐츠는 사실 자신이 원하는 실력을 향상시키는 데에는 아무런 도움이 되지 않는다. 그러한 작업은 세계의 시장에서 별다른 영향을 끼치지도 못한다. 진정한 창조는 이미 만들어진 기술 속에서 또 다른 콘텐츠를 발견하는 것이며 그렇게 발견된 이야기를 다른 분야의 지식정보들과 연결하는 과정과 함께 상상력 역시 동반되어야 한다.

탁월한 콘텐츠 문화를 창조한다는 것은 인류문명발전에 영향을 미쳤던 거장들과 어깨를 나란히하는 일이다. 우리들은 과거에 거장들이 실천했던 것처럼 우리 역시 창조적인 콘텐츠를 통해 진보된 지금의 문명에서부터 다시 출발하여 새로운 문화의 개념을 창작하여 미래의 인류문명을 진보시키는 작업을 시도하는 또 한 사람의 문화설계자가 되는 것이다.

탁월한 콘텐츠는 우리들의 삶의 개념을 긍정적으로 바꾸는 힘의 원천이다. 지금 우리 시대는 디지털 문화라는 탁월한 콘텐츠를 통해서 우리들 삶의 패턴이 혁명적으로 교체되고 있고 삶의 공간은 인터넷을 통해서 확장되었다. 이러한 변화를 일으킨 원인은 탁월한 콘텐츠의 지속적인 생산과 축적 때문이다. 즉 지금의 혁명적인 변화가 일어난 밑바닥에는 뛰어난 지적 상상가들이 벌어지는 현상에 대한 호기심과 냉철한 시각을 가지고 관찰한 모습을 지속적으로 기록한 시간의 축적이 지금의 문화를 만들어 낸 것이다. 그러한 기록은 인류가 존재하는 한 영원히 지속되는 것이 우리들의 삶이다.

지식 창조와 기술문화의 관계

지식을 창조한다는 것은 자신 안에 가지고 있는 의식의 내용을 다시 한번 초월하여 또 다른 모습으로 변화시키는 일에서 출발한다. 무엇인가를 창조한다는 것은 고정관념과 선입관을 새로운 개념과 의도적으로 충돌시켜야만이 창조적인 사고 확장이 일어나는 것이 기본 원리이다. 즉 모든 지식 창조는 개인적인 주관적 생각을 대중이 이해할 수 있도록 구체화 하고 동시에 대중들에게 신뢰를 받기 위해서는 내면의 충돌이 없이는 그러한 창조 능력이 발현되지 않는다.

또한 지식 창조를 하기 위해서는 문자 기호를 지혜롭게 활용하는 기술 역시 필요하다. 다시 말해서 자신의 생각을 외부로 표현하기 위해서는 1차적으로 언어와 글 그리고 그림 등이 대중의 공감을 얻어 내기 위한 첫 번째 도구가 된다. 사실상 우리가 생각을 외부에 표현하기 위한 도구는 우리 신체 기관과 연결된 기능 외에는 없다. 그래서 우리는 말과 글을 이용해서 외부에 무엇인가를 표현을 하기 위해서는 우리들이 본래 가진 도구의 활용을 신중히 할 필요가 있다.

진정한 창조적 표현은 현상 속의 관찰을 통해서 생성된 종합적인 사고의 모습을 밖으로 도출시킨 그 상태가 육안으로 보여져야 하며 그것이 특정한 과목의 형태로 대중들에게 보여져야 한다. 창조적인 콘텐츠를 창작한다는 것은 우리가 알고 있는 단순히 편리함을 위한 개념만을 함유하고 있는 것이 아니라 우리 삶에 영향을 미치는 모든 분야에 대한 종합적 이야기를 하나의 단어로 상징화해야 하며 그 이야기가 전분야에 걸쳐 서로 유기적인 상호협력 관계를 가지고 있어야 한다.

　지식 창조는 단편적인 지성 능력으로는 완전한 앎의 종착지에 이를 수 없으며 그 종착지에서 다시 출발점으로 삼을 수 있는 의지가 없이는 획기적인 지식 창조력은 발생하지 않는다. 지식을 창조한다는 것은 많은 직간접적인 경험을 재료로 삼아 무형의 도화지에 상상으로 그려진 그림을 언어와 글을 사용하여 다시 밖으로 발산하는 작업이다. 그 작업은 완전한 앎의 연속적인 행위를 통해서 가능하다. 우리가 완전히 안다는 것은 하나를 깨우친다는 이야기이고 그 완전한 앎은 지속적인 확장성을 통해서 하나씩 깨우치는 과정일 뿐 완전히 안다는 말의 뜻이 한번에 완벽하게 통달한다는 의미는 아니다. 다시 이야기해서 우리는 완전한 알고자 하는 간절한 바람을 끝없이 추구하는 가운데 '무지'는 차츰 극복이 되며 그 과정에서 또 다른 획기적인 창조적 개념이 내면에서 스쳐 지나간다. 무지하다는 것은 아무것도 모른다는 뜻이 아니라 무작정 자기 중심적인 결론을 내려 버리는 사고 습관 자체가 무지하다는 이야기이다. 다시 이야기하면 무지함은 일자무식을 이야기함이 아니라 무작정적인 반복 암기 또는 같은 개념을 그 자체로만 억지스럽게 이해하려는 실천이 사실 무지한 것이다. 그러한 심리상태는 새로운 개념 출현이 또 다른 개념을 창조하기 위한 디딤돌임을 인식하지 못한 판단의 미성숙 때문에 그런 현상이 생긴다. 우리들이 모두 추구하는 완전한 깨달음은 '지행 병진'의 실천이 없이는 무지의 늪에서 헤어날 수가 없다.

어떠한 개념을 진정 알기 위해서는 단지 문자로만 이해하거나 또는 유명한 사람들의 훌륭한 이야기를 귀동냥으로 듣기만 하여 모든 것을 이해한 듯 착각하고 말로만 떠드는 행위를 스스로 각성하고 과거 자신의 낡은 습관들을 개선하려는 노력을 통해서만이 우리의 앎은 확장된다. 탁월한 실적은 이해된 지식정보를 도구 삼아 지행 병진을 통한 진정한 습득을 같이 해야만이 그 실적이 올라간다. 두뇌 속에서만 이해되었다고 무엇인가를 알았다는 섣부른 판단을 하는 오만함은 우리 스스로를 자승자박하는 어리석은 지성의 사용이다.

우리가 창조라고 말할 수 있는 모든 일의 근본은 대중들의 공감을 얻어야 하며 모두가 편리하게 이해할 수 있는 또 다른 개념 혹은 콘텐츠를 지속적으로 만들어 낼 수 있어야 한다. 즉 우리 스스로가 창조를 위한 청정한 그릇 그 자체가 되어야 한다.

지식 창조를 위한 참다운 의도는 복잡하게 엮어져 있는 지식정보들 중에서 필요한 과목들을 하나로 연합하여 상상의 기능과 함께 다음의 지식 창조를 위한 발판을 만들고 동시에 새로운 법칙과 사상을 긍정적으로 연장하기 위한 동기를 스스로 유발할 수 있어야 한다. 따라서 탁월한 지식 창조자는 이미 만들어진 형상 속에서 또 다른 모습을 발견하기 위한 지속적인 관찰을 멈추지 않으며 이러한 관찰력의 축적을 통해서 또 다른 지식정보를 세계에 등장시켜 새로운 지식 창조자로서 그 이름을 얻는 것이다.

탁월한 지식 창조를 통한 진정한 성공 조건 속에는 평온한 심리 상태를 유지할 수 있는 에너지를 스스로 생산할 수 있는 힘 역시 필요하다. 평온한 심리 상태의 지속을 통해서 획기적이고 창조적인 성과품이 생산될 확률이 높기 때문이다.

진정한 성공의 모습은 그 성과품을 생산하는 과정 그 자체가 명예와 부를 얻는 것 이상으로 소중함을 진정 이해하는 것이다. 그러한 능력과 인격이 바탕이 되면 물질적인 성공은 저절로 따라오는 것은 자명한 이치이기 때문이다.

우리가 지식 창조자가 된다는 것은 새로운 문화를 만들어 내는 매우 가치 있는 일이다. 그러한 지식 창조를 통한 문화패러다임을 교체하는 사람들의 대열에 서고자 한다면 우리가 지금까지 배워 왔던 모든 지식 정보들을 철저히 검토하고 불필요한 지식정보는 즉시 폐기해야 한다. 폐기되어 생겨난 내면의 빈 공간에 새로운 지식정보들을 수시로 입력하고 잘못된 사고습관을 꾸준히 교정하는 시간의 축적이 우리들의 창조성을 갈수록 빛나게 한다.

진정한 앎은 매일 매일 하루를 새로운 시각으로 세계를 보는 힘을 키우는 연습에서 시작하여 마무리하는 가운데 차츰 세계를 보는 안목이 완전해지는 그 자체가 앎이다. 즉 매일 자신의 내면의 눈을 키우는 훈련의 시간을 축적시키는 실천의 과정에서 만나는 다양한 사람들, 현상들 그리고 책들을 통합적으로 엮어야만이 세계를 다른 관점에서 볼 수 있는 힘이 갖추어진다. 이러한 의지를 통해서 우리는 지식 창조자로서 그리고 새로운 문화창조혁명가로서 발돋움할 것이다.

융통합적 사고의 습관은 두뇌를 새롭게 프로그래밍 한다

　우리는 무작정 생각한 대로 행동을 하는 경향이 있다. 그런 우리 자신의 행동을 진지하게 의심을 해 본 적이 있다면 그 사람은 새로운 생각을 할 수 있는 희망이 있는 사람이다. 그렇게 자신을 진심으로 알고자 하는 의지가 더 나아가 우리가 살아가고 있는 사회 혹은 국가 속에는 보이지 않는 다른 누군가의 생각에 의해 만들어진 프레임 속에 살고 있다는 사실을 스스로 인지하게 만들기도 한다. 그래서 우리는 과거부터 지금까지 벌어진 현상의 기록들을 진지하게 살펴보며 의식 확장해 볼 필요도 있다. 즉 거대한 프레임 속에 존재하는 여러가지 법칙들, 사상들 그리고 존재하는 다양한 문화의 틀 속에 우리 스스로 가두어 놓고 있지 않은가? 하는 진지한 질문의 내용을 확장해 보라. 그러면 우리는 세계 속에 인위적으로 만들어 놓은 다양한 문화를 수동적으로 향유하며 살아가고 있다는 사실을 자각할 수 있을 것이다. 대부분의 사람들은 나만의 시각으로 보여진 현상의 모습을 의식에서 습관적으로 그림을 그리고 자각된데로 주관적으로만 해석하려고만 할 뿐 객관적인 눈으로 세계를 관찰해 보려는, 사고의 전환을 해 보려는 시도를 하지 않는다. 그러한 지극히 자기중심적인 눈으로 세계를 보고 판단하려는 심리 속에는 욕심과 조급함이 깔려 있다. 그래서 우리들 삶은 의도치 않은 오류현상이 더욱 빈번하게 일어나는 것이다. 우리는 조금 더 진지하게 세계를 바라보는 연습이 필요하며 그 출발을 자기 자신에게 매일 벌어지는 사소한 일상을 다양한 시각으로 관찰을 해 가며 그 현상에 대한 근본적인 질문들을 스스로에게 해 보아야 한다. 모든 문제발생의 근원지는 다름 아닌 나 자신이기 때문에 우리는 움직이는 자신의 내면을 관찰을 해 봄으로써 자신의 의식을 확장시키는 데 도움이 된다. 사실 사고력은 정해진 답이 없는 문제를 스스로 출제하여 진지하게 풀어 보는 가운데 강해진다.

더불어 그러한 훈련을 지속적으로 하게 되면 통합된 시각으로 세상을 바라보는 눈이 생겨 창조적인 아이디어를 생산할 수 있는 사고의 기반을 갖추게 된다. 우리의 삶은 스스로 변화하려고 애를 썼을 때 삶의 모습이 바뀐다. 익숙한 대로의 삶을 살면 살수록 그 익숙한 삶조차도 유지할 수가 없다. 왜냐하면 세계는 고정되어 있지 않고 언제나 유기체처럼 움직이기 때문이다. 세계는 수시로 우리가 실천을 하든 하지 않든 매일 새로운 과제를 우리들에게 부여하고 새로운 과제가 익숙해지기 전에 또 다른 과제물을 제시하는 연속성을 가지고 있다. 소수의 사람들은 세상에서 부여받은 새로운 과제를 해결하고 더 나아가 또 다른 과제를 세상을 향해 역으로 부여하여 진정한 문화창조가가 기꺼이 된다. 그들이 그렇게 할 수밖에 없는 이유는 자기 자신을 세계의 힘에 이끌리지 않고 스스로를 재창조하여 오히려 세계를 이끌고 나가고자 하는 열정의 힘이 누구보다 더 강했기 때문이다. 이들이 발표한 각 분야의 콘텐츠 내용의 품질과 세상에 미친 성과의 크기에 따라 그들을 '거장'이라고 부른다.

평범한 사람과 비범한 사람의 차이는 종이 한 장 차이이다. 세계가 만들어 놓은 보이지 않는 규칙이 만들어진 이면에 대한 궁금증을 해결하기 위한 관찰을 위한 멈추지 않는 호기심을 발휘하는 사람들과 그저 세상이 만들어 놓은 틀에 스스로 갇혀 있는 줄도 인식하지 못하고 세계가 만들어 놓은 시류 속에서 표류하는 삶을 사는 것 그 차이뿐이다. 탁월한 사람들은 사물을 관찰하는 사고방식은 매우 단순하고 간단한 그 자체에서 출발하고 서서히 같은 주제 혹은 관련된 주제와의 연관성을 넓혀 간다. 그들의 집중력은 오로지 사물 그 자체를 보는 '심플'에만 사용하고 이외의 잡념은 모두 폐기해 버린다. 심플한 상태는 가장 순수한 상태이고 이러한 상태가 되어야만이 두뇌는 가장 활발하게 움직여 주며 동시에 세상이 만들어 놓은 보이지 않는 내용들을 비로소 볼 수 있는 능력이 생긴다. 평범한 사람들의 내면 속에는 잡다한 지식정보들과 편견들이 정상적인 두뇌 활동을 막음으로써 세상이 주는 신호를 오판하며 삶에서 별다른 소득을 올리지 못하고 시시각각 찾아오는 삶의 부담감을 지혜롭게 처리하지 못하게 된다. 그러한 이유로 자신의 일에서 실패할 확률을 높이게 된다.

실패라는 단어 자체는 나쁘지는 않다. 다만 한번의 실패를 교훈 삼아 늘 습관된 생각과 행동에서 탈피를 하려는 몸부림 속에서 발생한 실패는 실패가 아니라 그냥 시행착오이기 때문이다. 실패는 자신의 삶을 개선하고자 하는 진지한 고민을 하지 않는 행동으로 벌어진 뜻하지 않는 사고가 실패이기 때문이다. 시행착오는 배움이다. 배운다는 것은 다양한 형태로 인식한 직간접적인 경험을 자기 것으로 만들기 위한 가장 중요한 일인 '사고'력을 확장시키는 과정을 철저히 해야만이 무엇인가 배웠다는 말을 할 수 있다. 기계적으로 하는 무의미하고 반복적인 사고는 대상을 보는 안목의 범위를 확장시키지 못하므로 세계가 보내 주는 새로운 과제에 대한 진정한 의미를 이해하지 못하게 되고 그저 예전부터 배운 방법 그대로 새로운 과제를 해결하려는 시도는 명백히 실패할 수밖에 없는 것이다. 평범한 사람이 비범한 사람으로 자신을 바꾸고자 한다면 융통합적인 사고를 스스로 훈련하는 습관을 가지는 것이 좋다. 그 훈련을 통해서 자신의 사고 시스템을 계속 확장하고 교정해 나가는 것이 가장 확실한 방법이다. 즉 과거부터 각인된 생각 습관을 점검하고 지속적으로 검증된 지식정보와 외부의 경험을 통합하여 사유하려는 실천을 통해서 자신의 사고 프로그램을 꾸준히 확장시켜 나가는 것이다. 사고의 프로그램 확장은 내면 속에서 이루어지며 완전한 자율성을 가지고 있고 결과에 대한 책임은 자신이 져야 하는 완전한 자유가 보장되어 있다. 과거의 위대한 지성들도 자신의 사고프로그램을 매일 개선하려는 실천을 하였기 때문에 모두가 인정한 콘텐츠를 창조해 내었다.

창조력은 나 자신을 완전히 믿는 그 순간부터 시작되고 그 순간을 연속하는 과정이 창조적인 융통합 사고를 위한 출발선이다. 세상에서 일어나는 모든 현상 그리고 만들어진 사물들은 어느 한 과목만 접목된 것이 아니라 여러가지 과목들이 서로 연결되어 있다는 것을 전제하고 관찰을 했을 때 비로소 진실을 볼 수 있다. 단편적인 생각만으로는 그 실체를 세계는 우리에게 보여 주지 않는다. 단순하고 순수한 우리의 내면 상태를 유지하여야만이 융통합적인 사고를 할 수 있고 세상의 진짜 모습을 통찰할 수 있는 능력을 가질 수 있다. 다시 말해서 내면의 평정심 속에서 융통합적인 사고의 내용이 우리의 내면 속에서 원활히 순환되고 동시에 새로운 아이디어들의 촉발과 그것을 구체화하는 시간들의 축적의 힘으로 새로운 사고 체계가 만들어진다.

융통합은 창조의 준비과정이다

인간은 태초부터 창조의 본능을 타고났다. 우리가 지금의 모습으로 진화된 최초의 원인은 척박한 환경에서 살아남기 위한 생존본능 때문이었을 것이다. 따라서 우리가 생존하기 위해서는 수시로 변해 가는 환경에 적응하기 위한 특별한 아이디어를 지속적으로 생산해야만이 생존률을 높일 수 있었을 것이다. 그렇게 모여진 신선한 아이디어는 우리들을 지속적으로 변화시켰고 앞으로도 그렇게 변화될 것이고 동시에 너와 나의 조그마한 생각들을 모아 미래의 세상 역시 변화시킬 것이다. 생존과 번영을 위해서 말이다. 사실 인류의 삶 자체가 위대한 창조 예술이고 한 편의 드라마이다. 인간은 생존을 위한 단순한 창조아이디어 창출을 넘어 삶 자체를 심미적인 예술작품으로 승화시켜 삶의 질을 더욱 높여 좀 더 안락하고 안정된 삶을 살기 원하기 때문에 1차원적인 삶만을 사는 것을 애당초 거부하였고 그러한 집요한 노력 때문에 지금의 모습으로 성장한 것이다.

우리를 이렇게 획기적으로 진화시킬 수 있었던 첫 번째 이유는 인간은 기록의 본능을 가지고 있었기 때문이다. 즉 낮에 했던 경험을 종합적으로 기억하고 상상의 기능을 더해 밤에 그 내용을 그대로 재현하는 기록 능력을 가지고 있었던 것이다. 어쩌면 그러한 기록 능력을 통해서 인간이 더욱 진화했는지 모르겠다. 아주 오래전 인간이 수렵과 채집을 하던 그 시기 즉 인간의 사고능력이 조금씩 진화해 가는 그때부터 낮에는 생존을 위해서 활동을 하고 밤에는 낮에 있었던 상황들을 그림을 통해 동굴 벽 한 귀퉁이에 기록을 남기기 시작했다. 기록을 하기 위해서는 낮 동안에 일어났던 다양한 사건들의 경험들을 반드시 기억해야 했고 그 내용이 자신의 관념 속에 그림화되었으며 그렇게 연상된 이미지를 연속적으로 재현하는 비범한 능력이 인간에게 있었다. 그 능력이 지금의 문명을 탄생시킨 발판이 되었다.

동물과 달리 인간은 경험되어진 대상과 현상을 통해서 새로운 상상을 더하는 고도의 정신활동 기능이 있으며 그러한 사고능력을 극대화하여 경험된 현상과 대상에 대한 구체적인 원인을 규명을 하려는 의지가 강했다. 반면 동물에게는 그들의 눈에 보인 대상과 현상을 그저 육체에서만 느끼고 자극받으려는 본능기능만이 작동함으로 정보 수용 능력이 편재되었다. 인간의 기록 행위는 자발적이었고 어제의 기억들을 외부에 표현하려는 기억의 재현 본능은 그 내용을 종합적으로 축적하여 미적 표현과 함께 생존의 도구로 사용하기 위함이었다. 그러한 그림일기 내용의 축적은 인간 문명을 발전시키는 바탕이 되었다. 인간의 기록 본능은 보여진 현상에 대한 단순한 사실적인 묘사를 초월하여 자신 내면의 거울을 통해서 자연과 우주로 사고의 넓이와 깊이를 확장하여 다양한 분야에서 작품화하였고 그 작업들은 지금도 진행 중이다. 기록하는 방식도 인간의 사고능력이 진화함에 따라서 점차 다양해졌다. 그중에서도 인류사에 가장 획기적인 발명은 단연 문자의 발명을 꼽을 수 있다. 문자는 각자의 두뇌 속에서만 맴돌았던 현상 속 그림의 모습을 약속된 기호를 통해서 인간에게 벌어지는 다양한 현상의 모습을 모두가 직간접적으로 이해할 수 있었고 더불어 더 많은 사람들과 공유할 수 있는 기준을 세우기 위한 개념을 창작할 수 있는 도구가 되었다. 또한 문자를 통해서 자신이 보았던 대상에 대한 판단의 결과를 더욱 정밀하고 구체적으로 표현할 수 있게 되었고 동시에 대중에게 쉽게 공감을 얻어 낼 수 있는 훌륭한 도구가 되었다.

우리는 매일 내면 안에서 꿈틀대고 있는 생각들을 언어 혹은 그림 그리고 글을 통해서 표현을 하기만 하면 된다. 우리에게 필요한 것은 자신이 본 것을 순수하게 표현하고자 하는 의지의 실천뿐이다. 누구든지 자신에게 자신만의 표현을 위한 방법을 진지하게 요구를 한다면 알라딘의 램프에서 불현듯 지니가 등장하는 것처럼 원래의 나는 현실의 나에게 창조 욕구를 풀 수 있는 힘을 줄 것이다. 우리가 창조적인 생각을 한다는 것은 원래부터 가지고 있는 본능에 충실히 이행하는 일상의 일일 뿐이지 특별한 일이 아니기 때문이다. 단지 우리는 매일 똑같은 생각만을 자신에게 요청했기 때문에 창조적인 아이디어가 생산되지 않는 것뿐이다. 자신이 매일 하고 있는 생각들의 방향을 다양하게 하고자 하려는 사고의 실천을 하지 않았기 때문에 탁월한 창조력을 발휘할 수 없는 것이다.

창조성은 자신이 생각한 결과를 외부에 탁월하게 표현하기 위해서 다양한 지식정보와 자신의 내면이 매일 마주하는 가운데 발현한다. 즉 지식정보를 최초 발표한 누군가와 내면의 진지한 대화를 통해서 자연스럽게 지식정보의 융통합이 이루어지고 동시에 일상 속에서 예상치 못한 시기에 기발한 아이디어들이 쏟아진다. 이러한 현상은 지속적인 노력의 시간 축적과 비례하여 자연스럽게 이루어진다. 우리가 지식정보를 받아들인다는 것은 '앎'의 확장만을 위한 단순함만이 있는 것이 아니라 우리가 오랫동안 가지고 있는 고정관념과 선입견을 지속적으로 제거시키기 위한 힘을 기르기 위한 것이기도 하다. 다시 말해서 자신의 내면 안에 존재하는 낡은 관념과 충돌할 수 있는 용기의 실천이 우리를 융합과 통섭을 할 수 있는 사고력을 발휘할 수 있는 능력을 갖출 수 있다. 그러한 실천을 통해 우리들의 삶을 자신이 의도하는 방향으로 끌고 나갈 수 있게 된다.

융통합을 통한 사고력의 확장은 세계의 모습을 다양하게 볼 수 있는 통찰력을 가지게 한다. 그 통찰의 눈은 자신만의 개성 있는 시선으로 새로운 문화를 창조해 내는 사람으로 자신을 성장시킬 수 있다.

순수함은 모든 창조적인 생각을 발현시키기 위한 근본이다. 순수함은 사물과 현상을 있는 그대로 볼 수 있는 진실한 마음 그 자체이다. 우리는 순수함으로 지식정보 혹은 다양한 경험들을 대할 때 내가 의도한 대로의 삶을 살 수가 있다. 내면에 정리되지 않는 잡다한 지식정보를 많이 알고 있는 것은 실질적인 '앎'이 아니다. 지식정보가 내면 안에 바르게 배열되지 않는다면 그것은 쓸모 없는 잡지식이고 성공적인 삶을 위한 우리 공동의 목표와는 거리를 멀게 한다. 순수함은 자신 안에 옳고 그른 지식들을 필터링할 수 있는 정확한 판단력을 제공해 주고 더불어 창조적이고 성공적인 삶을 살아갈 수 있는 직접적인 원동력이 되는 것이다.

폭넓은 지적 인프라를 통한 통합적 사고

지적 인프라는 무엇이고 어떻게 만드는 것일까? 지적 인프라는 우리 인체의 혈관처럼 일정한 형태를 가지고 넓고 길게 연결하는 고정적인 모습이 아니다. 지적 인프라는 지식정보 도구를 이용하여 육체를 초월한 영혼 속 깊은 내면의 심층 속에 쌓여 있는 낡은 기억들을 새로운 지적 도구를 이용한 사유의 결과물로 대체하는 작업이다. 즉 지식정보 도구와 외부 경험의 연합을 통하여 연속적이고 불규칙한 모양으로 우리에게 입력되는 다양한 현상 속의 정보들을 내면 속에서 나란히 정리하는 일이기도 하다. 이 작업은 나의 내면 속에 이미 형성된 지식정보들을 철저히 검토해 나가는 과정을 멈추지 않는 조건을 가지고 있으며 이 작업의 지속성을 유지하기 위해서는 내면의 에너지를 절실히 필요로 한다. 그 과정 속에서 나만의 창조성을 지닌 생각이 끝없이 뻗어 나가게 된다. 창조적 아이디어는 지적 인프라의 근본 뿌리가 넓고 깊게 그리고 최대한 멀리 뻗어 나가도록 내면 안의 창조 나무를 관리하는 부지런한 '인성' 속에 있다.

폭넓은 지적 인프라를 자신 안에 형성한다는 것은 이미 존재하는 사물 혹은 현상이 만들어 낸 원인들 속에 함유된 보이지 않는 지식의 덩어리를 나만의 관점에서 다시 재구성하여 내면 속에 자신만의 생각 지도를 그리는 일이다. 내면 속 지도는 한계가 없는 '무(無)'와 연결되어야만이

'유(有)'의 형상을 지속적으로 생산해 낼 수 있다.

　우리 내면의 세계는 넓은 우주처럼 그 깊이를 알 수 없으며 끝없이 펼쳐진 내면의 바다 속에 지식정보의 물고기들을 풀어 놓아 서로 자유롭게 놀도록 해 주어야 그 물고기는 창조의 산란을 하게 된다. 산란의 과정을 통해서 자라난 물고기들이 멈추지 않는 운동으로 인해서 바닷속의 창조적인 사건들을 발생시키는 원인이 된다. 그러한 특별한 사건을 끝없이 연결하여 새로운 형태와 형형색색의 다양한 모습으로 바다에 그림을 그리며 그 바다 본래의 모습을 다르게 보이게 한다.

　지식정보를 통해서 우리가 무엇인가를 안다는 것은 텅 빈 내면의 공간 속에 습득된 글과 언어를 도구 삼아 지속적으로 영혼 속에 사유의 흔적을 남겨 가는 작업 속에서 고도의 상상으로 연결되어지는 상태가 우리는 무엇인가를 안다고 말할 수 있는 기본조건이 충족되며 그렇게 상상되어진 그림은 과거의 경험과 지식정보들이 서로 충돌을 하고 때로는 상호협조하는 공정의 반복을 확장하는 가운데 창조적인 그림을 자연스럽게 연상하는 상태를 우리는 진정 안다고 말할 수 있다. 말과 글은 정형화된 것이 아니라 항상 새롭게 등장한 개념들과 전쟁을 하는 가운데 살아남은 개념들이 지속적으로 연결되어 그 형태가 수시로 바뀌는 특성을 가지고 있다. 따라서 새로운 콘텐츠를 만들고자 의도를 했다면 역설적으로 그 의도를 버리는 것이 새로운 지적 인프라의 줄기가 자연스럽게 길어지며 원래 의도한 생각의 모습을 자유롭게 그릴 수 있다.

어떠한 경우도 완전한 모양의 결과물을 기대해서는 안 되며 단지 우리는 완전함을 추구할 뿐이라는 겸손함이 내면 속의 지적 인프라를 자연스럽게 넓어지게하며 내가 의도한 대로의 결과물의 모습이 보여진다. 지적 인프라가 끝없이 연결되고 넓게 퍼져 나가고자 하는 성질을 가지고 있음을 인정하고자 하는 진심어린 내면의 존중이 필요하다. 그러한 내면과의 약속을 지키고자 하는 실천 속에서 지식정보는 창조적 상상과 결합되어 지적 무한 순환을 하게 된다. 지적 무한 순환으로 발생한 에너지는 창조력을 발현시키는 원천인 영혼의 마그마로 흘러 들어가고 그 마그마 운동의 임계점이 극에 달하면 창조적인 아이디어 화산은 외부로 폭발된다. 그 폭발은 크고 작은 모습으로 우리의 의식 표면에 연속적으로 그 형체가 드러나고 동시에 다른 정보와 연결되는 계속적인 융합운동의 반복으로 인해서 내면 속 지적 인프라는 지속적으로 새로운 개념과 연결될 준비를 자동적으로 하게 된다.

의식의 표면 위로 드러난 아이디어는 외부로 표현하는 단계가 필요하다. 왜냐하면 아무리 훌륭한 아이디어도 자신의 내면 속에서만 보관된다면 그 아이디어는 쓸모가 없다. 그 아이디어가 망상인지 상상인지에 대한 구분은 대중의 다양한 의견을 통해서 검증이 가능하기 때문이다. 외부의 표현이 필요한 다른 이유는 세계와의 소통을 통해서 아이디어의 품질을 검증받는 과정을 통해서 다음 작업에서 더욱 정확도가 높고 창조성을 가진 아이디어가 생겨날 수 있는 가능성이 높기 때문이고 동시에 자기의 역량에 대한 부족한 부분을 검토할 수 있는 기회를 가질 수 있으며 더욱 성숙된 인격으로 수준 높은 콘텐츠 창조를 위한 개념을 상상할 수 있다.

따라서 자신의 창조적인 역량을 올리기 위해서는 지적 인프라의 지속적인 확장이 필요하고 그러한 확장 작업을 하기 위해서는 지금까지 우리가 알고 있었던 지식정보들 가운데 불필요한 지식정보들을 계속적으로 폐기하고 교정하려는 노력이 필수이다. 불필요한 지식정보들이란 새로운 아이디어를 발현하기 위한 사유를 하는 가운데 의식 속에 방해가 되는 과거의 정보를 이야기한다. 그러한 지식정보들이 만약 자신의 내면 속에 완전하게 고착되어 있다면 새로운 지식정보를 받아들이는 데 불필요한 선입관을 유발하게 되고 동시에 내면 속 지적 인프라의 도로를 넓혀 가는 데 방해물로 작용하게 된다. 그러한 경우 더욱 더 많은 지식정보들과 의도적인 충돌을 유발시킴으로써 그 유해한 지식은 스스로 개조된다. 우리는 지식정보만을 가지고 지적 인프라를 형성시킬 수가 없다. 지적 인프라는 습득한 지식정보를 구체화하려는 강한 의지와 함께 해야만이 자신의 내면 속 지적 인프라는 크고 넓게 확장된다.

창조적 사고와 직업 활동의 관계

우리는 노동을 통해서 성취감과 보람을 찾기도 한다. 일을 한다는 것은 단지 의식주 해결만을 목적으로 하고 있지 않다. 먹고 사는 문제 역시 매우 중요한 일이기는 하지만 일은 우리들에게 더욱 값어치 있는 삶을 살아야 할 이유를 가르쳐 준다. 왜냐하면 인간의 본성 안에는 물질적인 풍요를 통해서 육체와 정신이 느끼는 포만감을 유지하고자 하는 본능도 가지고 있지만 단순히 물질적인 풍요로움만으로는 우리들의 정신세계에 진정한 만족감을 주지는 않는다. 우리는 본능과 이성 그리고 감성이 종합적이고 동시에 작용하는 복잡한 사고 시스템을 가지고 있는 존재이기 때문이다. 우리는 다양한 모습으로 욕망을 생산하는 독특한 '종(種)'이므로 정신과 육체 모두 만족을 시켜 주는 가장 중요한 행위인 '노동'을 통해서 두 가지를 모두 만족시키는 것이 삶을 잘 살기 위한 가장 지혜로운 방법이라고 우리 모두 배워 왔고 또 그렇게 알고 살아왔다.

우리들 문명의 진보는 노동을 통해서 물질적 만족감과 새로운 문화를 창조하고자 하는 욕망의 연합으로 지금의 문명을 발전시킨 직접적이고 유일한 원인이다. 노동을 한다는 행위 속에는 단순히 육체를 움직여서 필요한 재화를 생산하는 의미만 있지 않다. 노동을 하는 동안에 인간은 육체와 함께 잠시도 쉼 없이 생각을 멈추지 않고 일을 한다.

인간은 내면 속에 본래 간직하고 있는 두려움과 같은 다양한 본능적인 감정을 해소하고 더 나은 환경을 만들고자 하는 강렬한 열정 때문에 지속적으로 사고를 하며 노동을 스스로 멈추지 않게 한다. 반면 동물은 사냥을 한 후 원하는 먹이를 먹고 잠을 자고 번식하는 일 이외에는 감정적으로 아무런 자각을 하지 못한다. 즉 동물은 인간과 같이 극도의 두려움을 미리 예상하는 자각력이 없고 그 두려움을 방지하려는 획기적 계획을 세우는 사고력은 아예 없다. 예를 들어 토끼는 호랑이에게 잡아 먹힐 것 같은 급박한 상황이 닥치면 그때서야 빠른 속도로 도망을 가는 일 외에는 더 이상 할 수 있는 방법을 생각해 내지 못한다. 만약 호랑이가 토끼에게 아무런 해를 가하지 않는다면 토끼는 태연히 그 옆에서 풀을 뜯고 있을 것이다. 동물은 이러한 생활의 반복이다. 인간이 동물과 다른 점은 인간은 두려움이 일어나는 감정 자체를 극도로 싫어하기 때문에 그 두려움의 원인을 제거하려는 갖가지 방법과 도구를 만들고자 하는 다양한 아이디어를 생각해 낸다. 그러한 느끼고 싶지 않은 감정의 극복을 위해서 인간은 끊임없이 노동을 멈추지 않는다. 다양한 도구를 만들어 내는 일조차도 노동이고 그 도구를 이용해서 의식주를 해결하기 위한 육체와 정신의 지속적인 움직임도 모두 노동을 통한 불편한 감정의 해소와 안전을 보장받고 싶어하는 멈출 수 없는 욕망 때문이다. 그러한 노동의 결과물이 우리의 문명을 발달시키는 주 원인이 되었다.

우리의 삶이 더 나은 방향으로 개선되기 위해서는 노동 이외에는 다른 방법이 없고 우리가 본래 가지고 있는 '핸디캡'을 극복하는 유일한 방법은 손수 몸과 마음을 움직일 수밖에 없는 운명을 가진 존재가 우리들이다. 우리는 삶의 대부분의 시간을 노동을 통해서 더 나은 삶을 살기 위한 관련 지식정보들을 스스로 만들어 내고 다른 사람과의 소통을 통해서 미처 깨닫지 못한 노동에 필요한 지식들을 서로 공유하고 그것을 적용하기 위한 고민의 시간을 기꺼이 일과 자신에게 투자하고 있다. 그러한 노력들이 또 다른 지식정보가 되고 문화로 발전되며 인류의 문명이 된 것이다.

만약 우리가 그러한 노동을 통한 삶의 극복보다는 동물처럼 본능에만 의지했다면 지금 우리들의 삶은 없었을 것이다. 지금 우리가 사용하는 편리한 도구나 기술들은 분명히 누군가의 힘겨운 노동과 창조적인 생각에서 비롯된 것이기 때문이다. 노동은 창조적인 사고를 일으키기 위한 핵심적인 요소이며 그 힘으로 생겨난 우수한 도구와 기술의 발전이 기존 삶의 방식에서 새로운 삶의 방식으로 대체되었다. 동시에 직업의 패러다임 변화 역시 지속적으로 가져왔다.

창조적인 사고를 통한 노동의 결과물은 언제나 새로운 직업으로 그 노동의 모습이 진화하며 그 진화의 최초는 항상 소수의 창조적 사고를 하는 사람들에 의해 행해진 세계에 대한 날카로운 관찰의 기록이 변화의 원인이 되었다. 새로운 생각의 촉발은 무수한 시행착오를 통해서 배우고 익히게 되는데 그러한 과정을 통한 결과는 대중들을 통해서 서서히 증명되며 세상 속으로 퍼져 나간다. 즉 창조적인 사고는 창조적인 표현으로 연결이 되며 동시에 새로운 직업들이 유기체처럼 생겨 나는 것은 자연스러운 현상이다. 그리고 창조적이고 융합적인 사고를 멈추지 않는 사람은 언제나 세계의 문화를 변화시키고 동시에 우리들 삶의 패러다임을 바꾸는 주체가 된다.

융통합적 사고는 자신을 탁월하게 만든다

융통합적 사고의 본질은 내외부에서 받아들인 지식정보를 외부로 구체적인 실증을 하기 위한 사고의 연속적인 준비작업이다. 사유하는 가운데 느끼는 창조적 에너지는 신체와 정신에 조화롭고 균형 있게 배분되고 그 결과 생성된 특별한 형태의 이미지를 가진 사고의 결과를 특정한 주제와 확장하고 연결시켜 나가는 작업이 융통합적 사고이다. 우리들이 살아 온 과정 역시 새롭게 상상된 개념을 모두가 이해할 수 있는 보편적인 지식으로 만들기 위해서 내면에서 발생한 상상된 이미지에 대한 조화와 균형을 맞추어 가는 과정에서 필연적으로 만나게 되는 시행착오를 조율하는 가운데 새로운 개념들이 등장해 왔다. 그러한 사고의 시행착오를 통해서 우리 주위에서 발생할 예측 불허 현상들의 일부 혹은 전부 이해할 수 있는 보편성을 가진 지식정보로 구성하여 그것을 세계에 지속적으로 발표하여 우리 모두 안정적이고 행복한 삶의 모습을 최종 종착지로 안착하고자 하는 데 목적이 있다. 그래서 우리는 안정되고 편안한 생활을 더욱 확장하기 위해서 소수의 누군가는 융통합적인 사고를 통한 창조활동을 멈추지 않으며 대다수의 사람은 그 결과를 기다리고 있는 것이다.

균형과 조화는 서로 다른 대칭점에서 활동하는 지식정보들을 하나로 연결시켜 주는 가장 안정된 다리이며 최고품질의 상상도를 그릴 수 있는 기준점 역할을 한다. 안정된 상상도는 탁월한 개념을 생산할 수 있는 최초의 기본 정보가 된다. 연결되어진 지식정보의 대칭점 속에는 관련 주제 또는 관련되지 않는 개념들의 뒤섞임으로 그 개념들 중에 아직은 규명이 불가능한 정체불명의 개념이 가끔 등장하여 자신도 모르게 오류 증명을 할 수밖에 없는 필연적실수의 위험을 안고 있는데 이 과정 역시 극복해야만이 창조적인 사유를 할 수가 있고 세계에 탁월한 창조적인 콘텐츠를 발표할 수 있는 것이다.

사실 변수는 그것을 규명하는 절차 속에서 자신의 역량을 탁월하게 만들고 세계의 보이지 않는 모습을 통찰할 수 있는 최상의 깨달음을 얻을 수 있는 기회가 되기도 한다. 융통합은 자신 안의 지성의 틀을 다양한 형태로 자유롭게 디자인을 하며 그 틀의 영역을 무한대로 확장하는 것이 융합의 실제 모습이다.

융통합적 사고를 한다는 것은 우리가 공통적으로 가지고 있는 내면 안의 고정관념과 선입관 같은 병폐를 지속적으로 제거하는 작업이기도 하며 그 내면의 불순물을 지속적으로 제거하는 가운데 순수한 눈으로 새로운 지식정보를 계속 직면할 수 있다. 탁월한 능력은 순수한 지식정보 체계를 연결을 시키기 위한 지적 동력을 멈추지 않는 가운데 자연스럽게 축적이 된다. 그러한 축적을 지속적으로 하지 않으면 우리의 사고 체계는 다시 퇴보의 길을 걸을 수 있다. 퇴보의 가장 큰 원인은 우리 스스로 만든 한계성을 본능적으로 합리화하는 습성이 우리 내면에 존재하기 때문이다. 즉 탁월해진다는 것은 자신의 한계성을 내면에서 거부하려는 시도를 통해 지적 역량의 완전성을 추구할 권리를 얻어야만 생기는 능력이다.

융통합적인 사고를 통한 새로운 콘텐츠를 세계에 보여 주기 위한 특별한 준비를 연속적으로 실천하려는 의지를 멈추지 않을 때 탁월함의 빛은 잃지 않는 특별한 능력이 되지만 한번의 우연한 성공으로 축배를 들고 그 이상을 할 필요가 없다는 근거 없는 자신만의 교만한 만족감에 취하는 즉시 탁월함은 사라진다.

융통합적 사고는 우리 스스로 만들어 낸 사고의 제한성과 경직성을 유발하는 감각적인 욕망을 제거하고 순수한 눈으로 세계를 바라보려 하는 내면 속 안목의 빛을 잃지 않으려는 의지 속에서 창조적인 콘텐츠를 생산하기 위한 최상의 에너지는 지속적으로 발현되고 동시에 세상에서 자신만의 브랜드 파워가 생겨 모두가 인정하는 성공적인 인생을 살 수가 있다.

Chapter 4

창조력과 융통합적
사고의 상관관계

융통합적 사고와 창조능력

융통합적 사고를 한다는 것은 단답형을 요구하는 문제에 대한 지적인 반박을 하는 행위이며 그러한 반박 속에서 최종적으로 도출된 언어 혹은 글로써 표현된 형태를 다시 해부하여 그 속에 포함된 보이지 않는 분야를 찾아 새로운 의문점을 제기하고 그 문제를 해결하는 지적 행위이다. 이러한 지적 행위는 정해진 답을 대답하기를 요청받은 상황에 대해서 그 문제에 대한 자신만의 의견을 제시할 수 있어야 하며 맞고 틀림에 대한 보편적 판단에 직면하여 지금까지 습득한 직간접적인 경험을 총망라하여 통합적으로 사고의 형태를 재구성하여 동시에 마주치는 문제를 새롭게 재구성을 하며 다양한 분야 속에 새로운 개념 혹은 정보를 지속적으로 공급하는 것이다. 이러한 일의 수행을 통해서 본래 우리가 가지고 있는 창조적 에너지 발산의 욕망을 해소하고 더불어 그러한 결과의 영향으로 모두가 이익을 볼 수 있는 시스템을 만들 수 있는 이타심까지 포함한다.

우리의 일상 생활 속에는 누군가의 융통합적 사고를 통한 창조성을 발현하여 탁월한 아이디어를 생산해 내어 만들어 낸 편리한 시스템들이 도처에 있다. 예를 들면 우리가 매일 이용하는 자동차, 지하철 등과 같은 운송수단과 세탁기, 냉장고 같은 흔한 가전 제품 등 우리가 직간접적으로 경험하는 유무형의 제품들은 누군가의 창조성 있는 아이디어를 기반으로 그 기술들이 생겨난 것이다. 그러한 기술 혹은 문화에 대한 새로운 개념의 창조를 했던 누군가는 개인적인 부를 이룰 수 있었겠지만 그보다는 최초의 아이디어를 착안한 누군가의 마음속 깊은 곳에는 새로운 도구, 기술 등을 착안한 동기는 편리한 삶을 살기 위한 대중들의 간절한 필요성에 대한 공감 때문이었을 것이다.

창조성을 발현한다는 것은 특별한 현상이나 대상의 외부에서만 찾는 것이 아니라 주변의 흔한 이야기 속의 표현 속에서 보이지 않는 다양한 모습을 유추하고 추론하면서 관련 있는 앞선 사례들을 지속적으로 참고해 나가는 가운데 흔한 일상의 이야기는 특별한 이야기로 다시 태어난다. 이러한 창조성은 우리들 내면에서 최초 발현되며 그것은 외부에서 보여지는 다양한 현상들에 대한 깊은 관찰을 통해 자신을 자극하는 내면의 소리에 유심히 귀 기울여 들으려는 시도 속에서 생겨나며 자신에 대한 지대한 관심과 사랑 속에서 비범한 아이디어가 만들어진다.

탁월한 생각은 대중과의 공감도에 따라 상품화될 가능성이 높은 생각의 결과물이 된다. 즉 대부분의 사람들이 미처 생각하지 못한 주제이면서 그들의 호기심을 유발시키고 그들의 욕구를 해소시켜 주는 보너스까지 주는 지식정보 혹은 개념이라면 대중들은 그 정보가 무형이든 유형이든 상품화되는 것을 애타게 기다린다. 그 이유는 사람은 과거의 기술이나 지식정보에 대한 매너리즘을 느끼고 스스로 불편한 생각을 만들어 내는 속성이 있기 때문이다. 인간은 항상 새로운 것을 보고 느끼며 신선한 자극을 받기를 즐기는 존재이기 때문이다.

사실 창조력을 가진다는 것은 목표한 일에 대한 완벽함이 아니라 완전함을 추구하는 작업의 연속이다. 인간이 실행하는 세상의 모든 일에 대한 완벽한 결과물은 없다. 따라서 창조는 지속적이고 연속적인 실천을 통해서 완전함만을 추구할 뿐이다. 이러한 완전함을 추구하는 과정 자체가 완전함이다. 완벽함을 추구한다는 것은 스스로에게 강박적인 심리 상태를 자신이 만들어 내어 오히려 창조력은커녕 수준 이하의 인성을 만들어 낼 수 있다.

따라서 위대한 창조적인 성과물은 사소한 대상, 혹은 현상 속을 깊이 관찰하여 그 속에서 특별한 모습을 발견한 것을 구체적으로 외부에 표현한 것이 대부분이며 그 사소한 일상 속의 특별한 이야기들을 지속적으로 연결하는 가운데 평범한 사람들이 볼 때는 특별한 주제를 가지고 깊은 고뇌에 빠져 힘겹게 새로운 콘텐츠를 만들어 낸 것처럼 인식한다. 그들이 창조적인 작업을 지속하는 이유는 그 작업이 고된 노동이 아니라 일상의 놀이처럼 진정 즐거웠기 때문에 그 작업을 지속할 수 있었을 것이다. 사람은 누구나 고통스러운 일은 회피하고자 하는 본능이 있기 때문에 괴로운 일은 절대로 오랫동안 지속적으로 하지 못한다.

창조적인 사고를 한다는 것은 대상과 현상을 바라보는 것으로부터 출발을 한다. 바라보는 행위 속에는 대상 속에서 미묘하게 움직이는 다른 모습을 발견하고자 하는 세계에 대한 관심이고 그 속에 깊이 은닉된 작은 틈 안의 실제 모습을 보고자 하는 호기심이 강한 사람들만의 전유물이다. 그러한 특별한 이유로 인하여 누구나 기발한 창조성을 발휘하지 못하는 이유가 거기에 있다. 그래서 사물과 현상의 진짜 모습을 보고 싶어 하는 세계의 관찰자만이 창조성이라는 조금은 특별한 능력이 생기는 것이다. 세계에 대한 강한 궁금증을 가지고 그 수수께끼를 풀고자 하는 열망이 있는 사람이라면 누구나 없던 창조력이 생겨나는 것 역시 자연스러운 현상이다. 동시에 필요한 정보와 정보간의 연결을 통해서 그 현상에 대한 최초의 원형을 파악하려는 수고를 기꺼이 하려는 의지 역시 필요하다.

발생하는 모든 현상들은 수시로 변한다는 사실을 진지하게 이해하고 세계를 바라볼 때 현상의 또 다른 모습이 보이며 그 속에 함유된 정보 역시 한정된 시간성을 가진다는 것을 우리는 진정 이해할 수 있다. 그래서 우리는 지식정보의 지속적인 축적과 함께 또 다른 새로운 개념들을 만들어 나가는 것을 멈추지 않아야 한다. 창조적 표현은 자신의 내면과 연결된 육체의 눈을 통해서 보여진 외부의 현상이 변화하는 상황을 관찰하고 기록하는 가운데 자신만의 개념을 생산해 낼 수 있다. 그 표현 결과가 보편적이고 대중적인 공감을 얻을 수 있어야만이 그 효력이 발휘되며 이러한 작업이 확장성 있는 반복을 멈추지 않는 것이 창조작업이다.

창조력의 발휘

창조력을 발휘할 수 있는 가장 강력한 도구는 지식정보이다. 그러나 지식정보라고 하면 단순히 문자로 쓰여진 이론적인 것만은 아니다. 이론적인 지식정보 역시 필요하지만 그것만 가져서는 창조성은 발휘되지 않는다. 창조력의 발현은 우리 주위에서 발생하는 대상과 현상 속에서 벌어지는 갖가지 사건에 대한 깊은 사색과의 연결을 통해서 그 능력이 발현된다. 즉 우리들이 일상적으로 늘 보고 느끼는 익숙한 현상들의 보이지 않는 이면을 보는 행위이다. '본다' 는 것은 완전한 앎을 추구하는 행위이며 완전한 앎은 대상에 대한 충분한 이해를 바탕으로 또 다른 '앎'을 위한 과제를 스스로 만들어 내는 과정에서 자연스럽게 밝아진 눈을 이용하여 세계의 욕구를 충족시키는 또 다른 현상 혹은 대상을 만들어 내는 것이다. 창조성을 발현한다는 것은 지식정보의 충돌을 통해서 새로운 개념들이 잉태를 하며 그 개념들이 다른 현상들과 상호 영향을 주며 연속적으로 초월하는 작업이다. 초월은 결코 멈추지 않는 연속성의 속성을 가지고 있으며 우리가 지각하는 시간과 공간의 면적을 내면 속으로 지속적인 확장을 요구하는 작업이다. 즉 내면 속 시간과 공간의 확장과 함께 자신만이 느낄 수 있는 신(新)세계를 몸소 체험한다는 이야기이다.

대다수의 사람들은 일상 속에서 매일 일어나는 현상의 모습 속의 특별한 감정에는 관심이 없고 단순히 자신의 생활을 방해하는 현상이 아니라면 무관심하게 흘려 버리기 때문에 세계에서 연출되는 현상 속 운동에 대한 신선한 경험을 하지 못하는 것이다. 창의력은 우리 일상에서 매일 벌어지는 이벤트 속에 함유된 항상 평범함을 가장한 현상에서 미처 깨닫지 못한 개념들을 찾아 그것을 구체화하여 바깥으로 발산하는 작업을 하는 과정 속에 그 능력이 생긴다. 연속과 초월한다는 것은 새로운 개념들과의 만남을 멈추지 않고 그 개념 속의 본모습과 진지한 대화를 한다는 의미이다. 그 대화 내용의 원형은 일상에서 나누는 보편적인 화법이 아니고 비언어적인 요소가 다분히 함유된 지극히 형이상학적이고 추상적인 대화가 내용의 주류를 이룬다. 그러한 심도 깊은 대화는 지금 존재하는 나를 벗어난 초월적 세계 속 나와 내면 속 나와의 합일 작용에 의해서 시간과 공간을 연속적으로 이동하는 과정에서 현상의 본모습과 심도 있게 대화를 나눌 수 있다.

내면의 공간은 세계와의 특별한 토론을 위한 강의실이다. 그 공간은 물리적 시간과 공간이 존재하지 않는 곳이기에 초월과 연속성이라는 상징적인 단어를 사용할 수밖에 없는 것이다. 창조적인 에너지의 불씨는 다소 황당하고 일반적인 상식에서 통용되지 않는 주제들의 논의가 나 자신과의 토론 내용을 확장되게 하고 그 주제에 대한 뜨거운 논쟁의 결과가 의식의 표면으로 올라와 보편적인 언어로 교체되어 세상 유일의 탁월한 개념으로 세계에 확산되는 것이다. 이러한 창조 에너지를 밖으로 품어내기 위해서는 뜨거운 논쟁을 필요로 하며 그 논쟁의 대상은 타인이 아니라 바로 나 자신 안의 본성과 대화를 나누는 가운데 창조성은 발현되는 것이다. 대화의 주제는 매일 찾아오는 일상을 예리하게 관찰하는 가운데 찾아야 하며 대화 주제가 확장되는 과정에서 내면과의 논쟁은 피할 수 없게 되는 것이다. 결국 창조성을 가진다는 것은 나와의 진지한 대화 속에 그 능력이 충만해지고 동시에 그 대화의 기록을 위해서 탁월한 저작으로 둔갑시킨 능력을 가진 저자들을 반복적으로 초대하여 영혼의 대화를 멈추지 않는 가운데 자신의 창조적인 사고 능력은 확장되는 것이다.

지적 네트워크의 형성

지적 네트워크는 정보와 정보의 지속적인 연결을 통해서 창조적 콘텐츠의 재탄생을 지향하고 그 크기를 크고 넓게 승화시켜 창조 능력을 스스로 계발하려는 의지를 통해 우리들의 본성을 깨우는 작업이다. 즉 지적 네트워크는 우리가 직간접적인 경험을 통해서 얻은 결과들을 총망라하여 우리들 사유능력을 지속적으로 극대화시키는 작업이다. 이러한 작업을 통해서 우리들의 지적 역량을 내면에서 확산시키는 과정에서 새로운 아이디어들이 생성되는 결과를 낳는다. 지적 역량의 확산은 우리들이 본래 가지고 있는 무한한 창조력을 넓고 깊게 하여 우리가 오랫동안 가지고 있었던 과거의 낡은 사고를 과감히 버리고 새로운 개념들을 적극적으로 내면 속에 수혈하여 우리의 의식을 혁명적으로 바꾸는 행위이다. 그래서 내면 속에 지적 네트워크를 형성한다는 것은 우리들이 본래 가지고 있는 무한한 창조력을 깨우기 위한 가장 중요하고 유일한 방법이기도 하다.

우리가 지적 네트워크를 형성하고자 하는 또 다른 이유는 자신도 모르게 과거부터 계속 가지고 왔던 오류정보들을 지속적으로 폐기하고 새로운 개념으로 갱신하는 작업을 통해서 우리들의 창조 능력을 향상시키기 위해서다. 동물은 본능적인 현상 즉 육체 내에서 벌어지는 갖가지 자극에 대해서만 반응하는 증상에 대해서만 직접적인 행동을 한다. 그러나 인간은 육체와 정신 속에 무수히 축적된 경험들이 산발적으로 발생하는 외부의 정보와 반응하여 생기는 관념의 이미지가 복잡한 심리 상태를 만들게 된다. 그렇게 발생한 불편한 감각의 모습을 스스로 분석하여 그 심리적 문제를 즐기거나 극복하려는 의지를 가지고 있다. 또한 감정작용에서 발생하는 다양한 경우의 변수를 종합적으로 사고하여 벌어진 상황에 대한 고통을 해소하려 들거나 즐기며 그 감정들을 버리지 않고 다음의 상황을 대비한 예비지식으로 활용하는 능력 역시 가지고 있다. 그러한 능력을 이용하여 다시 발생한 유사한 상황에 대한 재빠른 대처로 생존력을 지속시킬 수 있었다. 그러한 종합적인 사고가 가능했기 때문에 인간은 자연, 우주까지도 탐험하고 정복하려는 시도를 할 수 있었다.

지적 역량이 편협한 시각으로 세계를 보는 습관을 가지고는 사태를 정확하게 판단하는 능력을 기대할 수 없다. 즉 단편적인 앎으로는 세계의 민낯을 통찰할 수가 없다는 이야기이다. 세계는 눈으로 보여지는 현상 속에 무수히 많은 보이지 않는 모습들을 감추고 있기 때문에 폭넓은 지적 역량을 갖추어야만이 세계가 수시로 새로운 모습으로 우리 앞에 등장하는 징후를 미리 예측할 수 있는 안목을 확장시킬 수 있다. 그래서 우리는 지적 역량을 통합적으로 넓혀 가려는 의식적 노력이 필요하며 그 실천을 통해서 세계의 지속적인 변화에 지혜로운 대처를 할 수 있는 문제 해결 능력을 가지게 되는 것이다.

우리들은 본래 가지고 태어났던 능력을 모두 사용해야만 하는 의무를 가지고 있고 동시에 세계가 지속적으로 던져 주는 과제를 성실히 수행해야만이 우리들 삶의 본분을 다하는 것이다. 그 과제를 부여한 최초에 대한 인식은 우리 내면 안에서 운동하는 민감한 자각에서부터 출발을 하며 그 신호를 꾸준히 들어 봄으로써 과제의 정확한 내용을 파악할 수 있다.

지적 네트워크를 광범위하게 형성한다는 것은 우리에게 주어진 과제 해결을 위한 필수 행동 요소이며 이러한 노력 속에서 우리의 육체와 정신을 최대한으로 사용할 수 있는 힘이 생겨난다. 진정한 지적 네트워크의 형성은 실험적 시도와 열정 그리고 지속성을 유지하기 위한 의지와 인내의 힘으로 자신만의 구동력을 발동시켜야만 그 보너스로 광범위한 지적 네트워크 형성과 함께 창조적인 아이디어를 지속적으로 생성할 수 있는 능력을 가질 수 있다. 동시에 받아들인 지식정보들을 내면 속에서 지속적으로 초월하려는 노력을 통해서 우리들 안에 잠재된 창조적인 콘텐츠가 외부로 흘러넘쳐 새로운 문화를 창조하는 탁월한 사람들과 함께 하는 것이다.

디지털 시대의 지적 네트워킹 오류

디지털 기술은 시간과 공간의 한계를 극복하여 인간의 표현 능력을 더욱 넓게 확산시키기 위한 획기적인 기술로 우리들 삶에 자리잡았다. 이기술을 사용하여 우리는 언제 어디서나 우리가 원하고 알고자 하는 정보가 있다면 언제든지 필요한 정보를 무한정 얻을 수 있다. 이러한 디지털 기술의 발전이 우리에게 재앙이 될지 축복이 될지는 우리들이 이 특별한 기술에 대한 정확한 이해와 사용법을 얼마나 정확하게 인식하고 사용하는지에 달려 있다.

이 기술이 우리들이 본래 가지고 있는 사고체계를 확장시키기 위한 보조 도구로써의 디지털 기술은 매우 유용한 도구임에는 틀림이 없지만 그러한 인위적으로 만들어진 기술이 신앙처럼 심리적인 의존만을 한다면 우리들의 지성력은 서서히 퇴화한다. 디지털 기술을 활용한 모든 도구는 인간의 편리를 위해서 만들어진 것임을 분명히 인식했다는 전제하에 문화를 연속하기 위한 참고자료로 사용하기 위한 목적으로 앞선 사례들을 우리들에게 노출시켜야 한다. 우리는 그 지식정보를 활용하여 사고력을 더욱 깊고 넓게 하기 위한 도구로 사용하는 것이 디지털 기술의 올바른 사용법이다.

지금 우리들의 문명을 이룩한 기반은 탁월한 사람들이 수없이 보낸 사유의 시간과 비례하여 발전된 것이다. 즉 우리들 문명의 발전은 사고력에서 출발하였고 그 사고는 다양하게 존재하는 '나'의 생각들의 합집합을 통해서 디지털이라는 획기적인 도구를 만들어 내는 수준까지 왔다.

무엇인가를 창조한다는 것 이면에는 육체와 정신 속의 불편한 원인의 해소를 위해서 무의식에서 새로운 지혜를 끊임없이 갈구하여 앎의 한계를 극복하고자 하는 우리들의 끝없는 지적욕구의 합이 절대적인 원인이 된다.

디지털 시대의 도래는 각 나라마다 가지고 있는 사회적 구조와 지리적인 한계성의 원인으로 표현에 제약을 받는 현실을 극복하기 위해서 강한 창조 욕구를 가진 소수의 사람들이 자신의 사고 영역을 넓히기 위한 자료의 부족함을 스피드하게 채우려는 노력의 축적이 디지털 시대를 불러온 또 하나의 요인이 될 수 있다.

새로운 기술의 출현은 우리 인간만이 가진 순수사고를 바탕으로 만들어진 결과임이 변치 않는 진실이다. 즉 새로운 것을 창조를 할 수 있는 힘의 원천인 상상력과 자극을 주는 사물 혹은 현상을 내면에서 이미지화하여 구체화할 수 있는 능력이 순수사고이다. 그러나 순수사고의 확장을 위해서 우리는 디지털 기술을 통해서 빠르고 신속하게 우리들에게 필요한 정보를 무한정 공급받는다는 사실에 대한 믿음을 객관적으로 점검할 필요가 있다. 정보를 대하는 자신에 대한 냉정한 검토를 해야만이 디지털 도구가 보내 주는 지식정보에 대한 지나친 신앙 같은 믿음을 버릴 수 있고 공급받은 정보에 대한 객관성을 가질 수 있다. 디지털에서 공급받은 정보뿐만 아니라 직면한 모든 지식정보에 대한 냉철함과 객관성을 잃지 않는 태도를 가져야만이 우리들이 가진 고유한 순수사유 능력은 퇴화되지 않을 것이다. 즉 인간이 가진 고유한 순수 사유능력 중 가장 중요한 상상 능력을 통한 표현에 의해서 우리들의 문명이 진화해 왔다는 불변의 진실에 대한 믿음을 잃지 말아야 한다. 그런데 많은 사람들이 이러한 진실을 망각하고 디지털이 제공하는 지식, 정보들에 대한 비판적이고 객관적인 분석을 도외시하고 오히려 현란한 검색 기술을 이용하여 모은 정보에 대한 짜깁기 수준으로 그 지식정보가 만들어진 최초의 목적과 동기는 무시한 채 전혀 엉뚱한 방향으로 그 정보를 단순히 작업하는 행위는 자신의 사고력을 이용한 것과 무관한 개념과 개념의 단순한 문자패턴의 연결에 불과하다.

　디지털도구는 우리가 창조작업을 연속하기 위한 중요 과정인 사고의 확장에 필요한 정보를 수시로 검색하기 위한 최고의 사전일 뿐이다. 우리가 어떠한 지식정보를 습득할 때 그 정보가 디지털 기능을 통해서든 아니면 다른 경로를 통해서든 간에 그 정보에 대한 최초의 모습을 상상하여 그 정보에 표기된 언어를 연장한 또 다른 사고로 연결을 해야 한다. 그 연결은 직간접적인 경험의 축적에 의해서 얻어진 지식과 정보의 양에 비례해서 그 힘의 강도는 차별된다. 우리가 사고를 한다는 것은 우리 내면 속에서 그려진 그림을 외부로 실재 존재하게 하는 것이다. 외부에 존재하도록 하기 위해서는 언어와 글의 도구가 필요하다. 인터넷에서 제공하는 지식정보 역시 수많은 사람들의 내면 속에 그려진 그림을 우리들 고유한 표현 영역인 언어와 글의 도구로 표현되어진 것일 뿐이다.

 디지털 도구가 만들어진 이후로 새롭게 만들어진 콘텐츠의 발표를 위한 통로가 과거에는 상상도 하지 못할 정도로 더 넓고 한계성이 없는 지식정보의 표현을 위한 무대가 확장되었다. 따라서 디지털 기술은 과거부터 발표된 모든 분야의 저작들과 최신의 발표 자료까지 시간과 공간을 초월한 공급 창구이자 표현 무대이다. 디지털 기술의 본모습은 시공간을 초월한 무한한 정보 공급 통로 확장을 위한 혁신기술이다. 이러한 첨단 기술이 오히려 현대인에게 더욱 증가된 심리적인 불안, 두려움을 유발하는 직접적인 요인들 중 하나가 되고 있다. 그 이유는 내면에 소화되지 않은 채 축적된 수많은 지식과 정보들이 단순한 언어와 소리로만 남아 그 정보들을 활용하는 방법을 모르고 그대로 방치하는 가운데 그것들이 오히려 내면 속에 맹독으로 작용하여 미래에 대한 두려움을 만들어 내고 있다. 디지털에서 홍수처럼 쏟아지는 데이터에 맹목적인 신뢰는 그저 보여지는 현상들에만 온통 정신이 빼앗겨 정작 내면 속은 텅비어 버려 감각기관의 기능만이 예민해져서 현대인의 신경증적인 정신병의 증세가 팽배해진 것이다. 우리들의 숭배 대상은 데이터 자체가 아니라 그 데이터를 정리하고 새로운 개념으로 만들어 발표하는 자신 안의 힘이다.

 사실 디지털 정보에 대한 신뢰는 검색한 정보가 충분한 검토와 타당성을 인정받았을 때 생기는 것인데 그러한 과정없이 다수의 호응만 믿고 그 정보가 완전한 진실인 듯 억지를 부리는 사례도 적지 않다. 모든 정보는 타당성을 입증하기 전까지는 맞는 것도 아니고 틀린 것도 아닌 불확실한 정보일 뿐이다. 정확한 정보 역시도 그 정보 속에 함유된 또 다른 형태의 개념을 잉태하라는 숙제가 정보 속에 내포되어 있음을 우리는 이해해야 한다. 결국 지식정보를 보는 안목을 키우는 훈련이 없이는 디지털 기술은 우리가 알고자 하는 지식정보를 빠르고 신속하게 찾는 것을 도와주는 도구가 아니라 오히려 우리들 고유의 능력을 빼앗는 결과를 초래하게 만드는 괴물로 변하게 된다.

즉 인간이 가진 고유한 사유 권리를 우리 스스로가 디지털이 보내는 데이터에 바치는 결과를 맞이하고 동시에 데이터 자체에 중독이 되는 불상사가 생길 수도 있다는 이야기이다. 디지털 시스템은 우리들 삶에 필수 도구임은 틀림이 없으나 그 도구의 진정한 활용은 지식정보에 대한 객관성을 잃지 않으려는 마음 가짐에 달려 있다. 우리는 디지털에서 제공받은 정보들을 또 다른 앎을 위한 참고 자료로 활용하여 다양한 다른 자료들과 함께 융합하여 새로운 개념을 도출하는 도구로만 사용해야 한다. 이 기술은 필요한 정보를 편리하게 공급해 주는 공급원 정도로 보는 것이 현명하다. 즉 우리가 디지털 정보를 사용하는 데 있어서 객관성과 냉철함을 잃지 않는 것이 자신의 사고 오류를 피하는 방법 중의 하나이다.

지식정보의 상호융합

융합이라고 하는 단어 속에는 막연히 정보와 정보를 연결하거나 합친다는 의미만은 아니다. 즉 우리가 알고 있는 의미 이상의 더 깊은 뜻이 융합이라는 단어 속에 함유되어 있다. 융합은 지식정보가 마치 유기체처럼 운동성을 가지고 있다는 사실을 믿는다는 전제하에 그 지식정보가 더욱 활기차게 내면에서 뛰어놀 수 있도록 생명력을 불어넣어 주는 행위가 필자가 생각한 융합의 진실한 의미라고 생각한다. 이 말을 대부분의 사람들은 이해하기 어려울지도 모른다. 우리가 읽거나 듣고 보고 있는 수많은 지식정보가 외부를 향하여 표출되어 보여지는 다양한 모습의 형태는 문자 혹은 언어로 나타남과 동시에 또다시 언어와 글 속에 깊이 숨어 내면의 넓은 공간에 흩어져 우리가 인식하기도 어려운 무의식 저편에 가라앉아 있지만 이러한 작은 정보들이 관련된 상상의 시그널이 자각되면 무의식에 가라앉은 정보들이 차츰 하나로 뭉쳐 또 다른 형태의 모습으로 재탄생한다. 이러한 내면의 작업은 외부로 촉발되기 전에 내면 속의 강력한 동기를 유발하는 의지 에너지를 통해서 잊었던 기억들을 차츰 재생하고자 하는 힘이 생긴다. 즉 내면의 제1역학 법칙의 영향 때문이다. 내면의 제1역학의 법칙은 필자가 임의로 만들어 낸 이름이다.

내면의 제1역학의 법칙에 의해서 우리의 내면 안에서는 흩어진 정보가 서로 같거나 비슷한 정보와 서로 상호 영향을 주고 받으며 동일한 '극'을 가진 기억들을 끌어당긴다. 그 기억이 지금 직면한 일 혹은 미래를 위한 필요한 지식정보들을 새롭게 두뇌 속으로 수혈하는 가운데 외부로 표현할 만한 신개념으로 전환되는 것이다. 이러한 융합을 통해서 종합된 사고의 결과물을 최종적으로 외부로 표출하기 위한 일련의 작업들은 크게 2가지 공정으로 나누지만 사실 우리들 내면에서는 훨씬 더 많은 공정 과정을 거쳐서 언어와 글 혹은 다양한 표현 방식을 통해서 최종 표출된다. 그러한 결과물은 지속적인 연결의 조건이 필요하며 수집된 정보들은 언제나 그 원형에서 출발해야 하고 그 원천의 촉발은 우리들이 직간접적으로 인식하고 지각하는 지식정보들을 내면에서 이미지화하는 과정을 통해서 밖으로 표출되는 언어 혹은 글 등의 품질이 결정된다.

내면에서 진행되는 사고의 원활한 진행을 위해서는 다양한 지식정보들을 필요로 하는데 그 정보들이 내면 속의 에너지와 융합되어 또 다른 개념이 형성되는 원인이 된다. 그 개념의 이름을 과학이라고 하든, 예술이라고 하든, 철학이라든 그 표현 의도에 따라 적절한 이름을 붙였을 뿐이다. 어떠한 지식정보를 새롭게 생산한다는 것은 정보들 간의 상호 교류를 통해서 진정한 힘이 촉발되고 동시에 내면의 강력한 구동력 역시 필수적으로 작용해야만이 본래의 생산 의무를 이행한다고 말할 수 있다. 그렇게 생산된 지식정보들은 자연스러운 진화를 하며 지속적으로 재해석되는 것이 창조의 본모습이다.

내면의 힘을 거친다는 것은 우리들의 육체와 정신이 합일한다는 이야기이며 이 과정이 생략되면 정보의 상호 영향을 통한 최고의 개념들을 생산한다는 것은 불가능에 가깝다. 지식정보의 상호 영향은 우리 내면 속 어딘가에 저장되어 있는 기억을 재생시키는 결정적인 역할을 하게 된다. 우리들 무의식 속에 가라앉아 잊었던 정보들, 예를 들어 과거에 경험했던 정보는 적절한 외부자극을 통해서 의식 위로 상승하게 되는데 그 자극은 새로운 정보의 습득을 통해서 가능하고 그 정보의 양과 질에 따라 세계에 충분히 공감을 얻을 수 있는 창조적인 아이디어를 떠올릴 수 있는 기회가 결정되는 것이다.

우리가 지식정보를 재해석을 한다는 것은 단순한 개념과 개념의 연결을 통하여 새로운 지식정보를 얻는다는 이야기는 아니다. 우리가 융통합적인 사고를 한다는 것은 상상의 그림을 첨가하여 본래의 지식정보들 속의 다른 면을 관찰하는 과정을 통해 얻어진 정보를 외부에 발표하는 작업을 지속하는 것이 창조작업이다. 새로운 지식정보를 직면한다는 것은 내면 속 지적 여행이다. 창조적 발상은 지속적인 지식정보의 내면 속 활발한 운동의 힘에 비례하여 창조적인 아이디어 발상이 자유로우며 그 품질이 향상된다. 지식정보는 내면의 에너지와 상호영향을 주고받는 가운데 그 결과물의 모습이 달라진다. 지식정보를 통한 융통합적 사고를 하기 위해서는 지적 불꽃을 매순간 자신의 내면 속에서 꺼지지 않도록 자신의 감정 상태를 조절하려는 힘을 키우는 노력이 필요하다. 그러한 훈련의 양과 비례하여 우리가 목표하는 일에 대한 성과의 크기는 달라질 것이다.

내면 텍스트 만들기

지적 능력이 있다는 이야기는 창조성과 늘 함께 한다는 이야기이며 우리의 내면 속에 무한정 존재하는 창조적 그림을 찾아서 밖으로 쏟아내는 작업을 멈추지 않는 실천을 한다는 것이다. 우리들의 지적능력을 확산시키는 중요 도구 중의 하나인 독서하는 행위를 보더라도 우리가 무엇인가를 읽을 때에 순간적으로는 책에 쓰여진 문자의 이해를 넘어선 또 다른 상상의 그림을 동시에 연상한다. 다만 지속성과 확장성의 실천을 하지 않기 때문에 지적 능력의 발전이 없거나 그 속도가 느린 것이다. 사실 우리들이 독서를 통해서 의식적이든 무의식적이든 문자를 통해서 상상을 결합한 이미지를 보는 행위를 한다고 말하는 것이 더 옳다. 즉 독서를 한다는 진정한 의미는 읽는 행위를 초월하여 본다로 해석하는 것이 맞을 것이다. 보다와 읽다는 단어 의미 사용에 있어서 차이가 있다는 것을 사람들이 알고 있지만 이상하게도 독서에 관해서만은 많은 사람들이 보는 것과 읽는 것에 대한 구분을 정확하게 하지 못하는 것 같다. 읽기는 사물이나 현상에 대해서 표현되어진 문자의 겉 뜻에 대한 단순한 이해만을 목적으로 하는 것이 읽기 행위이다. 이러한 독서 행위는 투자하는 시간에 비해서 얻는 것이 미비하다. 우리가 글을 본다는 것은 그 속에 있는 내용을 마스터하고자 하는 것이 아니라 글을 통해서 내면의 거울을 함께 보는 행위이다. 자신 안의 거울을 보기 위한 힘을 주는 촉진제로 이용하는 것이 진정한 독서 행위이며 그러한 과정의 반복을 통해서 우리의 능력은 확장성을 가진다. 따라서 본다는 의미는 글에 대한 전체적인 맥락과 함께 자신만의 추론과 유추 그리고 상상력의 능력을 동반한 재해석에 그 힘을 주는 것을 의미한다.

습득된 정보를 외부를 향하여 구체화시키기 위해서는 직접적인 경험역시 필요하다. 즉 독서를 한다는 것은 단순히 읽고 이해하기 위한 1차적인 단계만을 요구하는 것이 아니라 읽고 이해하는 과정과 함께 사유의 확장을 통한 실제 상황에 적용하는 과정이 있어야만이 우리는 실제로 독서를 한다고 이야기할 수 있다. 이러한 독서 행위와 경험의 연속적인 반복작업을 통해서 창조에너지는 우리 내면 속에서 활성화된다. 내면 속에서 활성화되는 창조에너지는 개념과 개념만의 연결이 아니라 대상과 현상을 바라보는 시선의 방향을 지속적으로 바꾸며 사유의 순환을시키는 것이 진정한 창조력이며 그 상태의 연속성을 통해서 우리는 무엇인가를 진정 알았다고 말할 수 있다.

지식을 습득한다는 것은 항상 불완전한 우리들이 완전함을 추구하는상태를 지속하는 과정 그 자체가 자신을 진정 발전시키는 행위가 된다.완전함을 추구한다는 말은 진정한 성실성과 과감한 실천을 해야만이 완전함을 추구한다고 말할 수 있다. 우리들의 태생이 본래 불완전하기 때문에 절대로 완전해질 수 없다. 우리가 완전함을 추구하는 과정을 이어나가는 상태 즉 완전함을 추구하는 행동을 할 뿐이다. 불완전한 지식정보를 그대로 내면 속에 가둔다는 것은 자칫 기형적인 앎의 형태로 변질되어 외부에서 벌어지는 현상에 대한 분석 오류가 생길 수밖에 없다. 당연한 이야기이지만 현상에 대한 오류 분석은 우리가 성취하고자 하는 일에 대한 결과의 만족한 상태를 기대할 수 없다.

문자와 문자의 단순한 나열은 내면 속에 진정한 지식정보의 올바른 배치의 연속성을 유지하기가 어렵다. 지식정보의 속성은 끊임없는 회전을 멈추지 않으며 그 모습은 나선형의 모습과 흡사하다고 개인적으로 생각을 한다. 이미 알려진 개념은 또 다른 증명이 연속되었을 때 그 진실은 더욱 확연하게 드러나게 되며 동시에 또다시 구체화시켜야 할 또 다른 숙제만을 남겨둘 뿐이다. 따라서 이미 알려진 지식정보에 대한 무작정 신뢰는 자신의 내면 안에서 올바른 지적 텍스트를 만들 수가 없다. 무작정적으로 앎을 추구한다는 것은 다람쥐 쳇바퀴 돌 듯 아무 발전 없는 무의미한 작업의 반복일 뿐이기 때문이다.

우리는 완벽한 앎이 아닌 완전한 앎을 추구하는 과정에서 진정한 자기발전이 있으며 이러한 실천 속에서 무(無)에서 유(有)를 만들어 낼 수 있는 창조의 힘을 가질 수 있다. 완전한 앎은 자신과 깊은 대화를 매일 하는 실천 속에서 앎의 재료인 다양한 정보가 내면에서 숙성된 그 자체이다. 즉 자신의 내면 속으로 깊이 들어가기 위해서 필요한 재료가 바로 지식과 정보이고 이것이 내면의 에너지와 융통합을 했을 때 비로소 또 다른 완전한 앎의 퍼즐을 완성하게 된다. 이러한 작업을 지속적으로 반복할 때 우리들의 두뇌는 획기적으로 변하며 동시에 새로운 창조적인 아이디어를 지속적으로 외부로 분출시킬 수 있다. 지적 영역은 이러한 노력 없이는 진정으로 넓어지지 않으며 잠재력을 키우기 위한 가장 필수적 요소이다.

창조력의 키워드

창조력은 종합적인 지식정보의 습득과 직접적 경험들이 본래 가지고 있던 재능과 융합하여 생기는 능력이다. 즉 창조력은 우리 내면 속의 직관 능력과 이성적인 사고의 균형과 조화를 이룰 때 발현된다. 특히 직관은 우리 모두 가지고 있는 감각 기관과 함께하여 외부의 현상에서 촉발되는 자극에 대한 정확한 실체를 이해하기 위한 추론과 유추 능력의 즉각적 발휘를 통해서 이해되는 상태를 이야기한다. 직관의 기능은 외부의 현상에 대해서 재빠르게 이해된 그림을 가장 빠른 속도로 우리 내면에 전달을 하여 상상을 유도할 수 있는 최초의 길을 제공하고 동시에 구체적인 증명을 위한 이성 기능으로 동시에 전달한다.

최상의 개념을 창조한다는 것은 우리 신체와 정신의 종합적인 활동의 힘에 비례하여 순도의 등급이 결정된 아이디어가 생산되는 것이다. 우리가 무엇인가를 인식하고 이해한다는 것은 단순하게 뇌의 영역에서만 작용하는 것이 아니고 우리들 안에 존재하는 비언어적 기관과 적절한 상호영향을 주고받는 가운데 그 정보는 무의식 깊숙한 곳까지 전달되는 과정의 연속성에서 인식되는 그 자체가 앎이다. 우리들이 진정 무엇인가를 알고자 한다면 내면에 숨겨진 무의식 속의 탐구에서부터 출발하는 것은 자명하다. 무의식 속에 다양하게 존재하는 창조의 힌트는 의도적인 신체의 종합적인 활동 과정에서 만날 수 있다.

직관 기능은 사물 혹은 현상에 대한 깊은 관찰을 하기 위한 예비 단계로써 스쳐 지나가듯 현상의 그림을 무의식적으로 인식을 하는 기능으로써 그 속도가 매우 빨라 마치 곧바로 이해하는 듯한 착각을 일으키지만 실제적으로는 우리의 내면에 숨겨진 관련 지식정보와 경험들을 검색하는 복잡한 과정을 순식간에 처리하는 우리들이 본래 가지고 있는 탁월한 정신의 힘이다. 즉 직관기능은 우리가 무수히 연습한 직간접적인 경험이 익숙한 현상을 만나면 그 상황을 즉시 이해하도록 도와주는 고도의 정신기능이다. 그 이해는 또 다른 개념을 생산하기 위한 예비 단계이고 내면 안에서 구체적인 확장 작업을 하지 않으면 직관 기능은 우리 스스로가 무용지물로 만드는 결과를 초래한다.

구체성은 최종의 결과를 도출하여 외부의 세계로 표현하고자 하는 욕구의 분출이다. 우리들이 본래 가진 창조 능력은 스스로가 확장을 시킬 수도 있고 편협하게 만들 수도 있다. 우리가 스스로의 능력을 사장시키는 가장 중요한 요인은 벌어지는 현상 혹은 사물의 형상에 대한 무조건적인 믿음이 자신의 창조능력을 스스로 죽이는 행위이다. 무조건 의심하는 것도 나쁘지만 맹목적인 믿음 역시 좋지 않다. 그러한 오류를 극소화하기 위해서는 벌어지는 현상에 대한 세밀하고 지속적인 관찰 활동이 필요하다. 관찰을 한다는 것은 자신이 가진 모든 기관을 종합적으로 사용한다는 이야기이며 동시에 육안으로 보여진 관찰 대상에 대한 모습을 내면의 그림으로 전환시켜야만이 우리 안의 창조력을 깨울 수 있다. 또한 창조력은 배운 지식정보들을 완전히 재검토해야 하는 과정 역시 필요하다. 재검토되어야 할 사항은 지금까지 습득된 모든 지식정보에 대한 고정관념과 선입견을 끊임없이 깨는 작업을 이야기하는 것이다. 선입견과 고정관념을 지속적으로 소멸시켜야만이 사물의 실제 모습을 볼수 있기 때문이다. 사물의 본 모습을 본다는 것은 분명히 존재하고 있으나 육안만으로는 도저히 볼 수 없는 사물과 현상에 대한 본질을 이해한다는 이야기이다. 사물과 현상은 자신이 가진 특별한 모습을 보여 주고자 우리들에게 손짓하지만 육안에만 길들여진 우리들의 육체와 정신은무심하게 그들의 겉모습만 바라볼 뿐이다. 우리가 사물과 현상의 본 모습을 보고자 하는 열정이 그들과 보이지 않는 질긴 끈으로 연결되었을때 우리는 창조적인 아이디어를 내면에서 보여진 현상의 모습으로부터지속적으로 공급받을 수 있다.

우리가 독서를 하는 행동에서도 마찬가지이다. 우리가 독서를 할 때책을 집필한 저자의 생각을 문자 기호를 통해서 우리들에게 알려 준 사실을 초월하여 이해해야 한다. 즉 사유의 과정 없이 단순히 기호만을 읽고 이해했다는 1차원적인 읽기 행위는 득보다 실이 크다.

창조성의 기본은 단순성에 있다. 복잡함은 창조성과는 거리가 멀며복잡한 생각이 일어나는 주 원인은 감각의 기능에만 의존했을 때 그 증상이 발생한다. 복잡한 심리 상태에서는 자신의 의식에서 비춰진 사물의 본모습을 보지 못하며 당연히 사물에 감춰진 본 모습은 사라지고 무엇을 의도하는지조차 자신도 이해할 수 없는 복잡한 형태의 결과물을도출하게 된다. 단순성은 오직 내면의 세계와 함께할 때 진정한 심플한상태가 되며 감각 기능은 내면이 전달하는 정보에 대한 순수 반응만이 필요할 뿐이다. 그 작업을 자동적으로 연속하도록 하면 된다. 그러한 실천을 통해서 진정한 나 자신과 사물 그리고 현상 속에 밀접하게 연결된 사유의 고리는 시간이 지나감에 따라 서서히 우리의 무의식 속에서 넓고 깊게 자리잡아 우리 안에 새로운 생각이 분출되는 현상 외에는 모두 사라지는 상태가 의식 속의 단순화 현상이며 이 상태가 창조를 위한 최적의 심리 상태이다. 단순화한 상태를 유지하기 위해서는 지금 이 상태 즉 사유작업을 하기 위해서 사용하는 이 시간과 공간 속에 침투한 쓸모없는 정보들을 모두 폐기처분하거나 보류화시키는 작업 같은 창조적인 생각을 이끌어 내기 위해서 필요한 자신만의 의식과 무의식의 정화 작업을 수시로 해 줘야 한다. 이것이 창조적인 사고를 하기 위한 기본 공정도이다. 창조한다는 것은 과거와 현재의 문화를 바꾸는 행위이며 이 작업은 내면에서부터 출발해야 한다. 그러한 창조능력은 과거에 이미 발표한 탁월한 개념들을 연역하는 끝없는 사고 확장의 반복 작업을 통해서 발전한다.

융통합적 사고와 창조 그리고 성장

우리가 삶을 살아간다는 진정한 목적은 본래 우리 안에 가지고 있는 단순한 생존을 위한 원초적인 본능과 함께 인간이기 때문에 자신만의 주관적인 가치 실현을 위한 필연적 목표를 성취하고자 하는 동기가 삶을 이어 가는 에너지로 작용한다. 결국 우리가 삶을 산다는 이야기의 본질은 각자가 세운 주관적인 목표 달성을 통한 욕망의 충족을 위해서이다. 즉 우리가 어떠한 목표를 성취한다는 생각의 진정한 모습은 물질과 정신의 풍요를 통한 편안하고 행복한 삶을 살고자 하는 희망 때문에 우리는 삶의 끈을 놓지 않는다. 왜냐하면 인간은 동물과 달리 단순히 식욕과 수면욕 등 육체의 감각적인 만족만을 추구하지 않고 정신적인 행복감 역시 필요로 하는 존재이기 때문이다. 그러나 우리들의 간절한 바람과는 달리 풍요로운 삶을 살기 위한 노력은 언제나 좋은 결과만을 가져오지 않는다. 왜냐하면 자신이 얻고자 하는 욕망의 종류가 명예이든 돈이든 행복이든 여러가지 형태로 나타난 다양한 현실적인 상황에 대한 정확한 이해 부족과 좋은 결과를 얻고자 하는 노력의 방향을 잘못 잡았기 때문이다. 다시 이야기하면 자신이 원하는 결과를 얻지 못하는 사람들은 자신의 내면의 힘을 완전히 믿지 못하고 오로지 그저 눈으로만 보여지는 겉모습에만 심취하고 주관 없는 군중심리에 휩쓸리는 심리 상태가 가장 큰 이유이다. 다수에게 좋은 것이 반드시 자신에게 좋다는 보장이 없기 때문이다. 추구하는 목표의 형태가 같다고 할지라도 개인마다 살아온 환경, 생각들이 모두가 천차만별이기 때문에 외부를 통해 인식하는 현상에 대한 해석은 오로지 자신만이 정확하게 할 수 있다. 지식과 정보는 현상 해석에 대한 올바른 견해를 가지기 위한 참고서일 뿐이다. 그렇지만 그 참고서는 반드시 필요하다.

외부에서 인식된 형이상학적이고 초자연적인 현상을 제외한 인간의 힘으로 만들어진 콘텐츠는 우리들의 생각에 의해서 만들어졌고 인위적으로 형성된 현상은 누군가의 손에 의해서 수없이 많이 교정을 보았던 정보이며 그러한 수정 목적은 보편성을 위함이고 그 보편성은 어쩔 수 없이 대중들의 주관적인 해석에 의존할 수밖에 없다. 그러나 다수의 주관 때문에 때로는 원치 않는 오류 정보가 발생하여 자신이 피해를 입는 경우가 있다. 그러한 피해를 줄이기 위해서는 다수의 주관에 개입하는 자신은 편협적이 되어서는 안 되고 포괄적이고 객관적으로 다수의 주관을 재해석할 때 다수가 의도한 핵심을 이해할 수 있다. 즉 자신이 이루고자 하는 목표와 다수의 바람을 함께 이해하고자 하는 시도를 바탕으로 한 직간접적인 경험을 내면의 거울에 투영하여 다시 재창조된 사유의 결과를 외부에 다시 반사시키기를 멈추지 않을 때 또 다른 창조작업을 위한 사유의 의지가 멈추지 않는다. 그 의지는 지금 가고 있는 사유의 방향에 대한 지속적인 검토 역시 필요하다. 창조적 사유의 과정이 목표 달성에 필요한 영양분이 되는 과정에서 시행착오와 실패 역시 동반한다. 실패는 오히려 내면 안의 겸손함을 키워 주고 세계를 바라보는 자신의 눈이 더욱 넓어지는 긍정적인 효과도 있다. 사실 실패와 같은 우리가 가고자 하는 길에 대한 적절한 변화가 있어야만 그 결과물은 포기만 하지 않는다면 더 크게 성취할 수 있는 가망성이 매우 높다.

우리가 무엇인가를 이룬다는 것은 낯선 환경에 직접적으로 직면하는 행위로써 그러한 낯선 환경에 자주 자신을 노출을 시키는 훈련의 양과 함께 목표를 성취하는 기간과 결과는 차이가 난다.

진정한 성공은 부와 명예를 얻고자 노력하는 것이 아니라 부와 명예를 이루기 위한 초심의 지속적인 유지이며 멈추지 않고 앞으로 나아가는 과정 그 자체일 뿐 그 이상은 없다. 우리가 가장 경계를 해야 할 심리적 질병은 익숙한 환경에 계속 머무르고 싶은 본능이다. 그것은 인간이라면 누구나 가지고 있는 심리이기는 하지만 그러한 1차적 본능이 자신의 발걸음을 뒤로 후퇴시키는 결정적인 요인이 되기도 한다. 우리는 미지의 세계를 향한 사유의 여객선을 멈추지 않는 그 자체가 성공이다. 우리가 살아가고 있는 인생의 길에는 끝마친다는 것은 없고 다만 원하는 지점에 이르렀다는 것은 잠시의 휴식일 뿐 우리는 다음의 여정을 위해서 다시 출발해야만 한다. 우리가 서 있는 그 자리는 결과가 좋든 나쁘든 그자체가 다시 출발점이 된다는 말이다. 성과를 이루었다는 그 자체는 인생의 항해를 하는 도중에 원하는 지역에 잠시 도착했을 뿐이다. 그 지역에 오래 머무르고 싶다는 바람 그 자체에서 지루함과 매너리즘을 견디지 못한 감각기관의 성화에 못 이겨 그 힘든 감정을 타인에게 전가하는 심리적인 투사를 하고 자신 역시 퇴보의 길을 걸어 지금까지 이루어 온 성취가 물거품이 된다. 그래서 우리는 또다시 출발해야 한다. 나 자신을 위해서 말이다. 그것이 진정한 성공이며 성장이다. 우리는 자신이 가고자 하는 삶의 여행에 대한 철저한 점검과 함께 축적된 지식과 경험을 또 다른 시각에서 바라보려는 꾸준한 시도를 하고 구체화하는 작업을 반복하는 과정에서 자연스럽게 자신이 원하는 삶의 그림은 차츰 만들어질 것이다.

생각의 지속적인 통합

우리들 내면 속에 흩어져 있는 지식정보들 그 자체로는 현실에 사용하는 데에는 한계가 있다. 습득된 모든 지식정보들은 직접적인 적용의 시도에서 연속적으로 생겨나는 또 다른 개념들과 지속적으로 융합되지 않으면 막연한 개념연결 그 이상의 수준을 넘지 못한다. 개념과개념을 이해를 했다는 것은 끝마침이 아니라 이해되어진 개념 속에서 또 다른 개념을 창조하기 위한 예비동작이다.

우리가 무엇인가를 배우고 인식한다는 것은 연속적으로 앎을 초월하기 위한 힘을 얻기 위함이다. 우리가 분명하게 이해해야 할 것은 이미 만들어진 개념 속에는 다양한 과목들이 언제나 담겨져 있다는 사실이다. 진정한 앎을 위해서는 문자 속에 다양한 과목들이 존재한다는 사실을 이해하는 것이 우선이고 지식과 정보를 융합한다는 것은 원래 알고 있는 모든 지식정보를 초월하는 행위이며 사고의 초월을 통해 생성된 개념 속의 스토리를 무한히 연결해 나가는 지속성을 유지함으로써 우리는 더 넓고 깊은 내면 속 지성의 세계에 머물 수 있다. 이러한 상태가 진정한 앎이다.

우리들이 사고력에 대해서 이야기한다는 것은 내면 속의 다양한 지식과 정보들이 서로 뭉쳐지는 크기가 지속적으로 확장해 나가는 상태를 말하는 것이다. 즉 내면에서 커져 나가는 지식정보의 크기가 순수하게 내면에서 외부로 순환시키고자 하는 의지와 비례하여 세상의 다른 이면을 더 넓고 깊게 볼 수 있고 보여진 만큼 대중이 미처 깨닫지 못한 새로운 콘텐츠를 계속 생산할 수 있는 능력이 생기는 것이다.

콘텐츠는 우리들 삶의 패러다임을 바꿀 수 있는 신(新)문화이며 이것이 획기적이면서 타인의 호기심을 유발하는 그러한 새로운 개념이 될 때 현재 우리 시대의 문명을 쌓아 올린 탁월한 사람들의 대열에 합류할 수 있다. 문명은 작은 문화의 벽돌을 축적시켜 완성한 거대한 형태의 고차원적인 지성의 건축물이며 그 건축물은 각각 다양한 모양과 크기를 가지고 있으며 탁월한 사람들은 타인의 지성의 공간에 시공할 준비를 언제나 하고 있다. 진보된 문명의 건축물의 기초는 작은 문화의 이야기에서부터 차츰 융합되어 거대한 문명의 역사가 만들어진 결과가 지금 우리가 보고 있는 인류문명의 모습이다. 우리가 보고 느끼고 있는 지식의 모습은 결국 문명이라는 커다란 건축물의 모습들을 기호화한 것이다.

그 기호는 수많은 저자들 내면 속 생각의 거울을 통해서 보여진 것들을 타인들도 볼 수 있도록 형상화시킨 것으로 문자를 이용하여 표현된 형상 속에 감추어진 저자의 거울과 자신의 거울을 서로 비춰 보지 않고 단순하게 문자화되어진 이론적인 학설이나 주장만을 이해하는 것은 사실상 읽고 보지 않은 것과 같다. 한 가지 개념의 창조는 무수한 생각의 융합을 통하여 도출된 결과이며 이것은 최종적으로 외부에 표현할 목적으로 하고 그 표현의 집합은 우리가 볼 수 있도록 만들어진 활자와 이미지 같은 도구로 발표했고 그 개념의 이름을 문학 예술, 과학 등으로 정했을 뿐이다.

보여진 다양한 현상의 정보들을 가지고 그것들을 융합하려는 자신 안의 사유 의지를 멈추지 않는 과정에서 발생되는 앎이 연속되었을 때 진정 지식정보를 습득했다고 말할 수 있으며 그렇게 인식한 재료들이 서로 합집합과 교집합을 통한 내면의 사고 도형 변화를 통해서 또 다른 창조적인 개념을 생산해 낼 때 대중들에게 공감을 얻어 낼 수 있고 더불어 새로운 문명을 이룩하는 데 필요한 또 하나의 콘텐츠가 창조된다.

융통합을 한다는 것은 발생하는 현상에 대한 또 다른 이야기 속으로 지속적인 접근을 통해 우리들이 본래 가지고 있는 능력인 창조력을 높여 특별한 이야기를 계속 이어가게 하는 이야기꾼이 되는 것이다. 창조는 현상에 대한 단순한 이해의 차원을 넘어선 상상과 지식정보의 습득과 함께 융통합적인 사고를 통해서 생성된 내면 속 이미지를 타당성 있는 자료로 만들어 또 다른 누군가가 다시 구체화할 수 있는 기회를 만들어 주는 과정을 통해서 그 힘이 확산된다. 창조적인 사유는 타인과의 지속적인 상호연결을 통하여 다수가 공감하고 이해할 수 있는 창조적 개념을 생산해 내는 작업을 계속 할 수 있어야 하고 그러한 삶을 이어 가는 과정에서 우리는 우연히 성공이라는 열매를 얻을 수 있는 것이다.

Chapter 5

창조적 인재의
성공전략

창조적 인재의 성공역학 이해

우리가 모두 알고 있고 책이나 매스컴에 등장한 창조적 인재들은 특별한 삶을 살았던 사실은 있지만 특별한 능력을 본래 가지고 탄생할 운명을 예언한 초자연적인 사건을 배경으로 태어난 사람들은 아니다. 그들은 특별한 '노력'을 지속하는 동안에 벌어지는 크고 작은 이벤트가 평범한 사람들과는 다른 형태로 벌어진 외부의 현상과 자주 접촉했을 뿐이다. 창조성을 가진 사람은 태어나는 것이 아니라 스스로 의도한 현상을 만들어 나가는 훈련을 멈추지 않은 가운데 생기는 느낌 즉 내면이 진정 원하는 즐거움을 스스로 연출할 줄 아는 사람들이기도 하다. 창조적인 인재는 세상에서 벌어지는 각종 사건들 속에 언제나 존재하는 다양한 모습들에 대한 호기심을 가지고 관찰을 하며 예전부터 고질적으로 자신 안에 늘 가지고 있던 감각적인 쾌락병을 원인으로 한 각종 감정병들을 스스로 치유하고 그 병에서 자유로워지는 가운데 현상을 있는 그대로 받아들이는 내면의 힘을 강하게 유지, 발전시켰고 그러한 실천을 지속하여 세계에 유익한 콘텐츠를 쏟아 내는 사람들이다. 우리는 그러한 사람들을 거장이라고 부르기도 한다.

그들은 자신이 원래 관심을 가졌던 분야에서 출발하여 끊임없이 관찰 분야의 폭과 넓이를 깊고 넓게 연결하는 가운데 생겨난 남다른 생각들을 거침없이 표현한 수학, 물리, 생물 같은 다양한 이름을 붙인 과목들을 생산했다. 즉 그러한 과목들 탄생의 최초는 그들의 호기심 어린 생각에서부터 출발하였으며 그 생각들을 우리들이 본래 가지고 있는 언어 표현 규칙에 따라 만들어진 기호를 통하여 최종 표현한 결과물이다.

새로운 생각들은 언제나 사물과 현상의 근본을 관찰하고자 하는 내면의 의지로부터 발생되기 시작되며 그 근본 속을 파고들어가는 과정에서 서서히 창조의 힘이 발현된다. 따라서 우리는 사물의 근본으로 내면의 눈을 이동하기 위해서는 그 방법을 먼저 알아야 한다. 그 방법을 이해하기 위한 가장 손쉬운 도구는 탁월한 사람들이 기록한 저작이다. 단 그들이 발표한 작품을 볼 때에는 평범한 접근방법으로는 그 저자의 진정한 표현 의도를 이해할 수 없다. 즉 발표된 저작물을 읽을 때에는 활자 혹은 이미지 겉에 표현된 스토리를 배제하고 읽거나 볼 필요가 있다. 왜냐하면 스토리를 알고자 애쓰는 가운데 발생하는 대표적인 현상은 저자의 느낌이 아닌 자신의 느낌으로 작품을 이해하기 때문이다. 자신의 느낌으로만 이해한 타인의 작품은 반드시 내면에서 오류정보를 양산하게 된다. 따라서 타인의 저작물을 볼 때는 최대한 객관적인 시각으로 작품을 보고 느껴야만이 저자의 의도한 바를 이해할 수 있다. 이러한 고차원적인 읽기 혹은 보기를 시도하여야만이 누군가 표현해 낸 개념의 본질 속으로 지속적인 접근이 가능하고 자신도 그들과 같은 창조적인 결과물을 발표할 수 있는 능력을 가질 수 있는 것이다.

과거부터 지금까지 표현된 다양한 분야의 저작들을 꾸준하게 읽고 보는 목적은 발표된 콘텐츠를 통해서 탁월한 사람들의 생각법을 배울 수 있는 최고의 생각 연습도구도 되기 때문이다. 타인의 생각법을 배우기 위해서는 자신 내면의 순수함이 필요하다. 순수한 관찰은 바로 순수한 내면과 육체의 눈의 합일을 통해서 또 다른 무엇을 발견할 수가 있다. 다시 이야기하면 순수한 관찰을 하기 위해서는 왜곡된 감각적인 느낌은 필요치 않고 본래부터 가지고 태어난 우리들의 자연적인 호기심이 그 원동력이 되어야 하고 그 실천을 지속적으로 할 때 우리는 창조적 인재라고 이름 붙일 만한 성과를 이룰 수 있다.

우리가 살아가고 있는 공간은 드넓은 미지의 공간 속의 일부분이며 그 속에는 수많은 정보들이 떠돌아다니고 있다. 그러한 수많은 정보는 우리들의 호기심을 동반한 관찰을 했을 때 즉시 인식되며 그 정보 메시지의 모습은 그림이다. 이러한 인식을 통해서 이해된 세계의 또 다른 모습은 1차적으로 철저히 주관적일 수밖에 없고 대외에 표현을 하고자 하는 작업을 할 때에는 타당성 있는 자료들과 함께 하여 대다수의 사람들에게 꾸준히 이해시킬 수밖에 없다.

한 가지 주의해야 할 점은 주관적인 관점에서 무엇인가 인식하였을 때 과거 자신이 알았던 개념들과 심한 언쟁을 자기 자신과 벌이는 경우가 자주 발생하는데 이러한 언쟁이 심할 경우 내면 안에 화산처럼 자리잡은 감각기능 속 감정의 뇌관을 자극하여 자칫하면 초월적인 상상을 하기보다는 바람직하지 못한 감정이 촉발되어 신경증적인 증세로 이어질 우려가 있다. 그러한 내면의 상태가 되지 않게 하기 위해서는 항상 자신의 내면 상태를 언제나 점검을 해야 하고 과거에 습득된 낡은 개념을 과감히 폐기시킬 수 있는 용기가 필요하다.

　창조적인 콘텐츠를 생산하기 위해서는 세계를 넓고 깊게 보는 눈을 필요로 하며 이러한 눈을 우리는 통찰력이라고 하며 통찰력을 키우기 위해서는 높은 지성력을 필요로 한다. 즉 창조적인 사람이 된다는 이야기는 지식정보들의 무한한 연결을 통한 세상과의 깊고 넓은 소통을 하는 가운데 고도의 지성력을 가진 사람으로 거듭나게 되고 동시에 창조적인 결과물의 표현을 통해서 세상과의 다양한 만남을 시도하는 사람이 되는 것이다.

창조력과 통찰력

현상들이 벌어진 원인 속의 핵심을 한눈에 알아보는 능력이 바로 통찰의 기능이다. 사물의 생성 이치는 다양한 원인이 종합적으로 모여서 확장된 것이며 그 현상이 마치 1가지의 모습 처럼 우리들에게 보여지지만 그 모습의 실체는 다양한 스토리가 함유되어진 진실을 숨긴 채 변화된 결과만 우리들에게 보여 준다. 따라서 우리는 창조성을 발현하기 위해서는 다양한 모습으로 위장한 현상들을 객관적으로 보고 그 현상 속에 벌어진 결정적 핵심을 정확히 볼 수 있는 능력이 필요하다.

창조력은 복잡한 현상 속에 포함된 무수한 이야기들의 깊은 뿌리에 접근을 해 나가려는 사유 운동을 지속하는 과정에서 창조의 힘은 점차 강해진다. 창조력이 탁월한 사람들이 공통적으로 추구하는 것은 사유의 끝을 진리탐구와 그 확장에 두었다. 진리를 확장한다는 것은 또 다른 개념을 생산하기 위한 필수 행위이고 또한 무엇인가를 창조한다는 것은 완벽한 유(有)를 만들어 내는 것이 아니라 이미 존재하고 있지만 보이지 않는 또 다른 '유(有)'를 계속 발견해 나가는 작업의 연속이다. 그래서 발견된 '유(有)'는 없어지는 것이 아니라 우리들의 내면에 축적이 되며 그 힘으로 사물과 현상에 대한 다른 모습을 연속적으로 상상하여 진리를 추구하기 위한 사유의 확장이 가능하게 되며 그러한 과정에서 새로운 정보가 자신 안에서 자연스럽게 발견된다. 진리의 확장은 진정한 앎을 이해하기 위한 내면의 여행이다. 이러한 사색의 여정은 꾸준하게 새로운 정보 혹은 지식들이 융합되어야만이 창조력 확장을 위한 힘을 발휘할 수 있으며 그러한 조건을 수행했을 때 우리는 진정한 앎을 통한 현상의 실체와 마주할 수 있다. 그러한 상태가 규칙적으로 유지되어야만이 우리는 자연스럽게 의식이 깨어 있게 되고 동시에 현상들에 대한 관찰과 사색으로 사물과 현상 속에 감추어진 새로운 법칙들을 발견할 수 있다.

의식운동의 적극적인 실천을 통해서 자신만의 시각과 개성으로 현상의 상호 운동 속 새로운 모습들을 이해할 수 있는 능력이 생겨 난다는 이야기이다. 통찰력이 발현된다는 것은 사물 속의 현상이 생겨 나기 이전부터의 모습들을 추측하는 상상력을 바탕으로 다양한 형태로 변화하는 현상들을 생생하게 연상하는 자신 안의 내면운동을 실천을 하고 있는 그 상태를 이야기한다. 통찰력이 발현하기 위해서는 내면 속에 무질서하게 흩어져 있는 지식정보 조각들을 통합하기 위한 사유과정이 새로운 결과물을 만들기 위해서는 우선되어야 하고 이렇게 통합된 지식정보는 사유의 한계를 뛰어넘어 앎의 끝으로 나아가기 위한 상상의 힘이 동반되어야 한다.

무엇인가를 창조하기 위해서는 다양한 직간접적인 경험이 필수이다. 한 가지 재료만 가지고 최고의 음식을 만들지 못하듯 새로운 성과물을 만들어 내기 위해서는 다양한 지식정보들이 융합되어야만이 창조적인 작품을 만들어 낼 수 있는 사고의 힘이 생긴다.

우리들이 살아가고 있는 세계는 단편적인 지식정보로는 도무지 이해할 수 없는 광범위한 지적 구조물이 층층이 쌓여 있다. 그래서 우리는 아직도 이 세계에 대해서 아는 것보다는 모르는 것이 더 많다. 어쩌면 우리는 영원히 세계 안의 실체를 완전하게 이해하지 못할지도 모르겠다. 언젠가는 밝혀질 진실들이 있을 수도 있겠지만 그 역시 간단하지 않다. 그래서 우리는 아는 것보다 모르는 현상들이 더욱 많기에 우리가 해야 할 일의 영역이 무한한 현실이 다행스럽다.

창조한다는 것은 우리가 세계를 바라보는 관점에 따라 다양한 모습으로 수시로 변신하여 우리에게 나타난다는 분명한 이해와 함께 보여진 그 모습을 내면에 그림을 그리고 외부를 향하여 기록하는 일이다. 우리가 창조적인 사람이 된다는 것은 광범위한 지식정보를 지렛대 삼아 우리의 사고 영역을 넓혀 새로운 콘텐츠를 지속적으로 만들 수 있는 능력을 갖춘 사람이 된다는 이야기이다. 창조력을 발휘하는 상태가 자신의 인생을 진정한 자유로운 상태를 만들어 주는 결정적인 원인이 된다는 사실을 많은 사람들은 알지 못하거나 믿지 않는다. 그래서 우리는 창조력의 회복과 확장을 하며 살아가는 동안에 이러한 매력적이고 무한한 능력이 항상 자신 안에 있다는 증거를 세상에 보여 주는 실천을 한다면 세계는 우리에게 안정적이고 행복한 삶을 살 수 있는 기회를 제공할 것이다.

융통합적 사고

　융통합적 사고를 하기 위해서는 모든 사물의 겉모습 속에는 그 사물의 형태가 만들어지기 위한 시간의 역사가 기록되어 있다는 사실을 먼저 탐구하고 이해하는 것부터 출발한다. 겉으로 드러난 사물과 현상은 시간과 공간 속에 함유되어진 정보들이 융합하여 최종의 모습을 드러내고 수시로 변신을 하며 우리들에게 지속적으로 삶을 위한 특별한 과제를 낸다. 그 과제는 조각 난 지식정보만으로는 풀기 어려운 난해한 내용을 담고 있기에 그 문제를 풀기 위해서는 조각 난 지식정보들을 눈사람 만들 듯 크게 뭉쳐 가는 동시에 내면 속의 순수한 상상력을 동반해야만 이 세계의 본모습을 볼 수가 있다.

　우리가 살아가면서 습득해 가는 정보들은 상황에 따라 다양한 신호로 전환되며 그 신호가 우리들의 삶의 흐름을 바꾸는 계기가 되기도 한다. 그 신호를 우리가 어떻게 인식하는가에 따라 삶에서 필연적으로 배우게 되는 직간접적인 경험들과 함께 창조력을 발현시킬 수 있는 결정적인 뇌관이 된다. 모든 현상 발생의 배경에는 육안에서는 보여지지 않는 최초의 개념이 존재하고 있다. 지금까지 우리 육안으로 확인이 가능한 모든 개념들은 융통합적인 사고를 기반으로 훈련된 탁월한 안목을 가진 누군가가 현상에 대한 최초의 모습을 보기 위해서 대상을 예민하게 관찰하여 밝혀낸 사실을 기록으로 남겼기 때문에 우리는 제한적이나마 세계를 이해할 수 있는 것이다. 그러한 혜택을 누리는 대신에 발표된 개념 혹은 컨텐츠 속에 담긴 또 다른 이야기를 찾아 내야 하는 의무는 우리 모두가 가지고 있지만 창조적인 또 다른 이야기를 찾고자 하는 실천은 개인의 선택사항이다. 만약 우리가 또 다른 이야기를 찾고자 하는 실천을 기꺼이 한다면 틀림없이 스스로 대성할 수 있다.

우리가 융통합적인 사고를 한다는 것은 진리의 숲속에 빽빽이 공간을 차지하고 있는 다양한 형상의 나무를 보는 동시에 나무 아래 존재하는 육안으로는 보이지 않는 진리의 확장을 위한 필수요소인 무형의 뿌리를 상상하고 실제로 그 뿌리의 모습을 끊임없이 보고자 하는 관찰자가 되어야 한다.

융통합적 사고는 자신이 본래 가지고 있던 사유의 한계를 끝없이 초월하고자 하는 의지를 필요로 하는 작업이다. 그러한 사고작업의 지속성을 통해서 또 다른 창조적 개념의 가지를 생성할 수 있다.

융통합적 사고를 하기 위해서는 많은 참고자료가 필수인데 그러한 자료들을 두뇌만으로 분석한다고 해서 현상의 모습을 창조적인 시각으로 볼 수 있는 것은 아니며 반드시 현상의 새로운 모습을 발견하기 위해서는 내면의 에너지가 필요하다. 내면의 에너지는 인간만이 가진 매우 특별한 힘이며 그 힘을 적극적으로 사용하는 경우에만 상상의 이미지가 우리 눈에 직접적으로 목격될 것이다.

발생하는 모든 현상의 본모습의 최초는 우리들 육안으로 보여진 현상의 다른 면에 형이상학적인 관념이라고도 말할 수 있는 그림의 모습이 존재한다. 우리 눈에 나타난 현상의 1차적인 모습을 통해서 깊은 관찰을 해야만이 상상의 힘에 접근할 수 있으며 그렇게 그려진 내면의 추상화는 앞선 기록들과 융합하였을 때 현상의 진실에 가까이 갈 수 있다. 그렇게 진정으로 이해된 현상의 정보를 바탕으로 새로운 지식을 탄생시키기 위한 2차작업을 하면 된다. 이러한 공정을 수행하기 위한 기초적인 자질은 호기심이다. 사물이 우리들에게 보여지는 모습은 그 분위기와 주위의 환경에 따라 우리들의 육체와 정신 속의 지각 작용을 통해서 쾌불쾌의 감정을 만들어 허상을 통한 오류 판단을 할 가능성이 높다. 그래서 우리는 현상의 실체를 정확하게 파악하기 위해서는 모든 감정을 배제하고 사물을 객관적으로 보는 연습 역시 필요하다.

우리가 느끼기 위한 신체의 기관은 때로는 사물의 실체를 보는 동안은 사실 방해요인이 되기 때문이다. 대상과 현상의 본모습은 때묻지 않는 순수한 그 자체이기 때문에 감각작용으로 그 대상을 느낀다는 것은 오래된 기억을 재현하여 고정관념 기관이 작동될 확률이 높다. 우리들이 가진 감각기관은 수시로 변화하는 환경과 상황에 따라 오작동하는 일이 자주 있기 때문에 그렇게 믿을 만한 기관이 아니다. 감각기관의 오작동은 현상의 실체를 자신의 기분대로 판단해 버려 망상적인 결과를 도출하는 일이 빈번하다. 우리들의 정신 상태는 항상 맑음을 유지하는 시간이 길어질수록 사물을 관찰하기 위한 사고체계가 명료해지고 현상의 진정한 모습을 볼 수 있다.

사물을 관찰하기 위한 준비단계는 우리 눈에 최종적으로 보여진 사물의 모습을 육안만이 아닌 내면의 눈까지도 같이 연결하여 사물을 다양한 방향에서 보고자 하는 사유의 의지가 첫번째이다. 사물의 다양한 모습을 본다는 것은 몸을 여러 방면으로 막연히 움직여 그 대상을 본다는 이야기가 아니라 내면속사고의 방향을 넓게 순환을 시킨다는 뜻이다. 사고의 순환을 통해서 내면 속에 투영된 대상의 모습을 지속적으로 그림으로써 그 넓이와 깊이가 확장이 되며 그 이미지를 구체적이고 논리적으로 외부를 향하여 표현했을 때 대중의 호기심을 끌 수 있는 콘텐츠로 주목받을 가능성이 높아진다. 사물의 다양한 모습을 그린다는 의미는 내면 속에 수많은 세월 우리가 축적한 기억을 담은 저장고를 여는 유일한 열쇠는 자신에게 있다는 뜻이기도 하다. 그 기억은 그림의 형태로 보여지며 우리가 극적인 판단을 하거나 행동을 할 때 결정적인 힌트를 주는 결정적인 요인이 되기도 한다.

우리가 어떠한 상황을 떠올릴 때 문자가 내면 속에서 떠오르는 것이 아니라 그 상황들의 이미지가 영화처럼 떠오르고 동시에 우리가 보고 느끼고 있는 지금의 현상 그리고 사건들이 가진 찰나의 시간과 공간 모두가 내면 속에 그림으로 끊임없이 저장되고 있다. 연상된 그림의 양과 질에 따라 만들어진 콘텐츠 혹은 개념의 최종 품질이 달라진다.

융통합적 사고는 내면 속에 무한히 존재하는 양질의 자료를 스스로 찾아내어 외부에 표현할 창조적인 콘텐츠를 지속적으로 만들어 내야 하는 진정한 자기계발 훈련이다. 위대한 업적을 성취한 사람들은 남들이 미처 생각하지 못한 인류가 직면한 문제에 대한 답을 찾아가기 위한 작업하는 것을 즐기는 사람이다. 창조적인 작업을 꾸준히 하는 과정에서 자신이 그렇게 갈망하지 않아도 세속적인 보상은 보너스처럼 스스로 찾아온다. 융통합적 사고를 하는 삶이란 그 시작이 사색이고 그 끝은 없다. 다만 사색하는 과정에서 진정한 앎의 지속적인 깨달음만이 있을 뿐이다.

융통합적 사고 훈련

    진정한 성장은 상호간 소통이 원활한 관계를 바탕으로 서로 동반 성장하는 것이다. 타인의 생각을 진심으로 존중하는 태도를 통해서 상호간의 진정한 소통이 이루어지며 그러한 관계 속에서 서로가 가진 정보들을 나누는 관계가 사실 융통합사고의 기초훈련이다. 최상의 관계는 유형의 무엇인가를 주고받기 위한 그런 계산되고 치밀한 전략적인 관계가 아니라 서로가 이해하게된 정보를 나누며 상호협력의 길을 모색하는 관계가 가장 좋은 관계이며 그러한 관계에서 나누는 무형의 정보 혹은 개념의 품질에 따라서 창조적인 융통합적 콘텐츠가 만들어지기도 하며 그러한 지혜로운 협력이 조직 혹은 개인의 성장 크기를 좌우한다.

    모든 조직 혹은 개인의 흥망성쇠는 우리들이 어떠한 성공을 위한 목표를 가지고 있든 공동의 원칙을 바탕으로 목표를 향해 걸어가야 하고 혼자가 아닌 상호 협력하고자 하는 실천력에 달려 있다. 공동의 목표는 사실 개인목표의 집합이 모여 생겨난 광의의 의미를 가진 단어일 뿐이며 그 속에 진정한 개인의 욕망이 담겨 있기 때문이다. 공동의 목표를 이루기 위한 노력을 하는 그 자체가 각자의 꿈을 이루기 위한 최상의 방법이다. 왜냐하면 꿈은 혼자 힘만으로 이룰 수가 없고 반드시 타인과의 직간접적인 상호 협력이 있어야만 개인의 꿈 역시 이룰수 있는 것이 삶의 법칙이기 때문이다. 즉 공동체 혹은 조직체라는 공간은 각자의 꿈과 연계한 활동을 위한 무대이어야 하며 그 공동체에서 추구하는 공동의 목표를 성취하기 위해서는 반드시 개인마다 가진 꿈을 위한 열정과 동반했을 때 조직 역시 성장할 수 있는 것이 지극히 당연하다. 이것이 동반성장이다.

공동의 목표를 이루기 위해서 그 속에 소속된 모든 사람들이 같은 목표를 향해서 달려가는 과정에서 발현하는 다양한 아이디어들은 모두가 성장하기 위해서 협력하는 과정에서 발생한 내면의 부산물이다. 공동체가 성장하기 위해서는 상호간의 생각이 융통합되어야 한다는 원칙에서 출발을 한다는 이야기이다. 조직이 존재하는 이유는 다양한 형태의 생각의 표현을 위해서이다. 실상 그 공간에는 사고를 통한 표현의 수준이 상대적으로 기발한 사람들과 그렇지 못한 사람들이 서로 크고 작은 선의의 영향을 주고받으며 발전해 나가는 것이 조화롭겠지만 현실은 그렇지 않다. 생각의 수준이 높은 사람과 낮은 사람은 사실 백지 한 장 차이이며 타인의 생각이 좋든 나쁘든 창조성을 위한 노력의 흔적이 있다면 인정해 주는 문화가 정착되어야만이 누구나 자신만의 개성 있고 창조적인 아이디어를 생산할 수 있다.

융통합적이고 창조적인 사고를 하기 위해서 지속적으로 지식정보에 노출하고 그 정보 속의 또 다른 모습을 찾고자 노력하는 사람은 평소의 자연스러운 행동에서 타인에게 긍정적인 힘이 전달되기도 하며 그러한 영향을 받은 사람들은 자신 역시 지적 사고 훈련을 통해서 긍정적인 동기를 유발하여 또 다른 사람들에게 영향을 주는 보이지 않는 상호간의 사고의 힘이 끝없이 융합될 때 그 조직과 개인이 추구하는 목표를 더욱 크고 위대하게 이룰 수 있다.

　이루어진 모든 결과는 구성원들의 학력이나 경력에서 차이가 나는 것이 아니라 개인의 사고의 수준에 따라서 결과의 품질은 달라진다. 사고력의 수준은 물리적으로 측정할 수 있는 그러한 정형화된 것이 아니라 개인 내면 안의 비언어적인 그림을 명백하게 그릴 수 있는 능력을 가진 사람 즉 물리적으로 측정할 수 없는 비정형화된 사람들의 사고력의 힘에 대한 수준을 이야기하는 것이다. 즉 높은 사고력을 키우기 위해서는 생각이 정형화되어서는 안 되며 비정형화된 다른 생각들을 지속적으로 내면에서 명백히 그림을 그리는 훈련을 즐기며 최종적인 표현 단계에서 공동의 원칙에 입각한 정형화된 결과물로써 표현하는 것이다. 비정형화한 이미지는 추상성을 띤 현재의 비존재적인 대상에 대한 연역을 시도하는 작업이며 그 연역화 작업은 많은 지식재료를 내면에서 통합적으로 배분할 수 있는 힘이 필요하다.

　그러한 융통합적인 사고를 지속하는 가운데 내면의 힘은 더욱 강한 추진력과 구동력을 가지며 그 힘에 의해서 창조적인 아이디어가 지속적으로 분출되어 자신과 조직을 성장시키는 힘이 되는 것이다. 그러나 융통합적인 사고력을 키우려는 의지와 실천을 행하는 사람은 현실적으로 극소수에 지나지 않는다. 왜냐하면 융통합적인 사고력의 확장은 얼마 동안의 힘겨운 자신과의 내면적인 전쟁을 치뤄야 하는 과정이 필수이기 때문에 대부분의 사람들은 그러한 고통을 느끼기기를 원하지 않기 때문이다. 일단 그 과정을 넘기고 나면 자신이 본래 가지고 있는 능력을 사용하여 새로운 창조적인 작업의 즐거움이 내면에서 진심으로 일어나며 그 일을 멈출 수 없는 일상이 된다.

융통합적인 사고의 훈련은 보여지는 대상과 현상이 일어난 최초의 역사를 탐사해 나가는 과정의 연속이며 이 여행을 위한 지도인 지식정보는 내면에서 그려지는 상상의 이미지의 실체를 알아볼 수 있는 등불 역할을 한다.

상상은 보여지는 겉모습 속의 정보 이미지를 서로 연관지어 연상하고 동시에 연상된 이미지를 실제 경험에 적용하는 작업이다. 우리가 융통합적인 사고를 하기 위해서는 무엇보다도 우리의 무의식 속의 굳은 감각기관에서 비롯된 고정관념과 선입관을 꾸준히 제거하는 일이다. 즉 융통합적인 사고를 통하여 생기는 창조력은 순수한 호기심을 동반한 관찰만을 필요로 하기 때문이다.

나의 내면세계 여행

내면의 세계를 여행한다는 것은 은하계를 탐험하는 것과 같다. 인간 내면의 모습은 우주공간과 매우 흡사한 모습을 하고 있기 때문이다. 사실 우리들의 내면 세계 안에 분명히 존재하는 자신안의 무한한 힘을 스스로 깨달아가는 것 이상 값어치 있는 일은 없으며 이러한 여행 자체가 우주공간의 여행과 같다.

우리들이 살아가고 있는 세계 안에서는 수많은 인종만큼이나 다양한 주관적인 믿음의 도구가 존재하고 있지만 그 도구의 잘못된 사용으로 오히려 우리들의 삶은 절대적인 믿음에 대한 무한성을 잘못 이해한 결과로 그 의존성의 독을 끊지 못했기 때문에 자신안의 낡은 관념의 뿌리를 완전히 제거하려는 노력을 하지 못했고 동시에 내면여행을 통한 자신의 진정한 힘을 이해하지 못했다. 그래서 우리는 내면의 여행을 하기 위한 최초의 동력을 신체와 정신에서 발생하는 순간적이고 물리적인 힘의 폭발이 필요하다. 마치 우주탐사선이 지구를 떠날 때 인위적으로 제작된 강력한 로켓엔진이 필요한 것처럼 말이다.

즉 우리는 우리 자신을 알기 위한 탐험을 시도하기 위한 최초에너지인 의지가 잠시 동안은 필요하다. 이러한 물리적 힘은 우리들의 몸과 마음에 완전하게 자동화되었을 때에는 의지의 힘은 아주 조금만 사용하여도

저절로 자신의 깊은 내면 속으로 진입할 수 있다. 우주선이 대기권 밖으로 나아가면 로켓엔진은 더 이상 사용하지 않아도 되는 것처럼 말이다.

우리 안에 잠재능력의 힘을 꾸준히 확장시켜야 하는 가장 큰 이유는 우리가 목표한 일에 대한 성과를 이루기 위한 필수 에너지로 작용하기 때문이다. 모든 성과를 이루었던 배경에는 그 힘이 크든 작든 창조성을 일깨우는 잠재력을 계발해야만이 가능한 일이기 때문이다. 세상을 바라보는 시선을 어떠한 각도로 보는가에 따라 무한한 창조성을 발휘할 수 있다. 즉 자신 안의 창조력을 키울 수 있는 핵심 에너지인 잠재력의 힘과 비례하여 다양한 관점으로 세상을 볼 수 있는 능력은 저절로 커져 가며 동시에 내적인 성장의 가지는 끝없이 뻗어 나간다.

한 가지 명심해야 할 것은 우리가 진정으로 안다는 것이 무엇인가? 같은 진지한 물음과 함께 자신의 내면을 철저히 점검하는 작업 역시 우리들의 순수한 잠재력을 확장시키기 위해서 필요한 일이다. 왜냐하면 우리는 어떠한 일에 대해서 오래도록 수행하다 보면 자연스럽게 전문가라는 호칭을 타인에게 듣게 될 수도 있고 동시에 타인에게 크고 작은 언어의 이벤트를 통해서 우리는 순간적으로 기분이 좋아질 수도 있는데 이 기분이 오래도록 지속되면 자칫 자신이 모든 것을 안다는 착각과 교만 같은 자기중심적 사고의 독에 중독이 될 수 있다. 이점은 우리가 철저히 경계해야 할 필수사항이며 이러한 독이 내면 속의 여행을 방해하는 장애물로 작용하는 것이 자명하기 때문이다.

사실 지식정보와 연결한 외부와의 소통을 통해서 새로운 개념을 창조할 수 없다면 우리는 습득된 지식정보의 기호의 뜻만 이해할 뿐 '안다'라는 단어를 사용해서는 안 된다. 즉 과거부터 현재까지 발표된 모든 지식정보들은 또 다른 개념 혹은 콘텐츠를 연속적으로 생산하기 위한 힌트를 얻기 위한 도구일 뿐이다. 그래서 공개된 모든 지식정보들의 생성 과정 속에 포함된 것은 저자의 직간접적인 경험의 실증 결과일 뿐이며 그러한 지식정보 그 자체는 사유를 위한 필수 재료일 뿐이다. 따라서 이미 발표된 탁월한 지식정보에 대한 지나친 믿음은 자신의 잠재능력의 발달을 저해시킨다.

이해된 모든 지식정보들은 순수한 사유훈련을 통해서 다시 가공되어 또 다른 모습의 지식 체계에 합류를 위한 것이며 이러한 작업들의 지속함 속에서 우리들 안에는 정보가 무한히 잠재되어 창조의 에너지가 계속 분출되는 것이다.

우리들이 살아가고 있는 세계가 움직이기 위한 동력은 발표된 지식정보를 통해서 새로운 지식과 개념을 생산하는 가운데 지속적으로 우리 삶의 문화가 변화되었다. 우리들 존재에 대한 연구의 목적을 진리를 향한 끊임없는 탐구라는 위대한 사람들의 거창한 발언 속에는 실상 우리들의 생존에 대한 방법을 이해하기 위한 연구를 했을 뿐이다. 즉 우리가 무엇인가를 알기 위한 기본목적은 끝없는 우주와 자연에 대한 호기심의 방향이 인류의 안전한 삶을 위한 것이며 그러한 자연과 우주 그리고 인간에 관한 천착의 본질은 우리들의 생존을 위한 것이라는 기본적인 생각을 바탕으로 지식정보를 다루고 창조한 것이 진실이다. 그래서 우리는 생존을 위해서는 외부 미지의 세계를 향해서 지속적인 탐험을 멈출 수가 없는 이유이다. 동시에 우리가 외부 현상 탐험을 하기 위해서는 우리의 내면과의 진실한 여행과 함께 해야만이 외부 세계에 대한 더 많은 정보를 얻을 수 있다. 현재까지 우리들의 문명이 이렇게 진보된 가장 중요한 이유는 우리에게는 사유를 통한 창조 본능을 가지고 태어났다는 사실을 이해하고 그 재능을 충분히 활용하였기 때문이다. 이러한 결과를 만든 사람들이 가진 공통적인 생각은 우리 자신이 본래 가진 사유의 의무와 책무에 대해서 충실히 이해해야만 우리들에게 발전이 있다는 사실을 분명히 인식하였다. 그러나 그 실천을 위한 강력한 의지를 가진 사람들은 언제나 소수의 사람들이었다. 그렇지만 이러한 창조적이고 위대한 걸작을 소수의 사람만이 행하는 특별한 능력이 아닌 우리 모두가 그러한 일을 할 수 있는 내면 속의 고차원적인 능력이 있다는 사실을 진정으로 믿고 그 의무를 충실할 때 우리의 삶 역시 행복하고 세속적인 성공은 분명히 할 수 있다.

발상의 전환

우리가 본다는 것은 내면 속의 지식정보기능 확장과 연계하여 무의식 속의 본능인 두려움을 극복하려는 지극히 수준 높은 행동이다. 다시 이 야기하면 인간이 본다는 행위는 제1의 생존본능을 침해당하지 않기 위한 제2의 본능인 이성기관과 연합하는 것이다. 본다는 행위는 동시에 호기심을 유발하며 사물의 세밀한 관찰을 통해서 새로운 지식정보를 깨달아 개인과 공동의 삶에 적용을 하여 더 많은 무형과 유형의 이윤을 나누려는 행동을 멈추지 않는다는 이야기이다. 그러한 능력이 우리들의 내면 속에 설계되어 태어난 것이 축복된 일이고 이러한 능력 때문에 인간은 이 세계를 지배하는 힘을 스스로 가졌을 것이다.

현실적으로 성공과 실패를 가르는 직접적인 기준이 되는 것도 우리 자신을 사용하는 메뉴얼의 충실한 이행 정도에 있다. 즉 자신이 목표한 일에 대한 성공을 이룬 사람들은 자신이 목표한 일에 대한 근본을 먼저 볼 줄 아는 눈을 가졌다. 우리는 '눈'을 통해서 세상을 바라보지만 실상은 눈을 통해서 보여지는 모든 현상들의 인식은 내면 속에서 모든 공정들이 이루어진다. 눈은 그저 내면과 연결이 되어 세상의 그림만을 내면 속에 비춰 주는 거울 역할을 하는 것이다. 그래서 성공한 사람들은 '눈의 거울'을 통해서 단지 보여진 세상의 모습을 보는 즉시 내면과 함께 정보의 분류작업을 충실히 한다. 분류된 정보는 다시 한번 재구성을 하게 되는

데 이 과정을 통해서 자신이 지금까지 알고 있던 관련 정보들을 총망라하여 인식한 정보의 근본 속으로 들어간다. 이러한 근본으로 깊이 들어가면 갈수록 사고의 발상은 서서히 코페르니쿠스적인 전환이 일어난다. 그러한 발상전환의 결과물을 통해서 자신이 목표한 일에 대한 새로운 모습들을 통찰하는 기회를 스스로 만들어 나간다. 이러한 본능과 이성을 통한 깊은 사유를 통해서 창조성이 일어나고 자연스럽게 목표를 초과 달성하는 결과를 만들어 낸다.

반면 자신의 목표를 달성하지 못하거나 아예 시도조차 하지 못하는 사람들은 사물을 보는 관찰력이 부실하기 때문이고 '눈'을 통해서만 세계를 보려고 하는 불완전한 인식방법을 배웠기 때문이다. 눈으로만 받아들인 정보만을 진실이라고 믿는 것은 스스로에게 사고의 고정관념을 내면 속에 깊이 뿌리 내리게 한다. 이러한 고정관념은 우리가 새로운 지식 혹은 정보를 깨닫고 알 수 있는 힘을 빼앗는다. 그리고 그들의 내면은 모두 알고 이해했다는 착각을 일으키는 현상이 벌어진다.

인식한 정보 혹은 지식은 실제로 자신이 정확히 표현할 수 없다면 그 정보는 자신이 아는 정보가 아니다. 그저 보았을 뿐인데 완전히 안다고 스스로의 지성 능력에 착각의 마취를 하고 있는 것이다.

우리가 창조적으로 사고한다는 것은 지식과 정보에 대한 근본으로 꾸준히 향해 갈 때 생기는 사고 능력이다. 우리가 성공적인 인생을 산다는 것은 물질적인 풍요 그리고 대중들에게 높은 명예를 얻는 것도 어쩌면 성공이라고 말할 수 있겠지만 더욱 가치 있는 성공은 나의 창조능력을 발산시키는 본능에 충실한 삶을 살기 위해서 새로운 과제를 스스로 기획하고 실행에 옮기는 과정을 즐겁게 하는 것이 진실한 성공이 아닐까? 하는 생각이 든다. 사실 큰 명예와 물질을 얻는 과정 역시도 자신 안에 창조성을 촉발시켰을 때 자연스럽게 얻어지는 결과물이기 때문이다.

창조적 기획과 완전한 성공

　무엇인가를 기획한다는 것은 눈에 보여지는 성취를 이루기 위해서 눈에 보이지 않는 무한한 내면의 운동을 한다는 의미이다. 사실상 일에 대한 성취는 다음의 변화를 담보로 한 일시적인 휴식과 보상 같은 잠시 우리에게 허락된 안도의 시간일 뿐이다. 그래서 어떠한 성취도 영원한 것이 아니라 때가 되면 사라지는 물방울과 같은 것이다. 그러한 성취의 물방울은 지속적으로 창조적인 혼을 불어넣는 가운데 그 생명을 유지할 수 있다.

　물의 속성은 변하지 않는 확장성을 가지고 있으며 그 물의 탄생의 최초는 수없이 많은 공기 중의 다양한 물질과 연합됨을 멈추지 않았기 때문에 지금 물의 모습을 유지하게 되는 것이다. 그리고 물의 운동방법은 지극히 단순하고 자연스럽게 위에서 아래로 흐르는 일을 멈추지 않았기 때문에 우리는 '물'이라고 부른다.

　그래서 우리가 창조성을 동반한 기획을 한다는 것은 나의 내면 속에 분명히 존재하지만 육안으로는 보이지 않는 비존재의 힘과 함께하여 예전부터 연습하고 축적된 지식정보와 함께 융합된 상상의 결과를 외부세계에 실증하는 것이다. 이러한 상상을 통한 결과를 외부세계에 최종적으로 발표하기까지는 낙수가 끊임없이 한 방울 한 방울 떨어져 단단한 바위를 뚫는 것과 같은 많은 시간과 인내가 필요하다.

창조적 기획은 지금까지 보여진 개념과 콘텐츠 속의 근본으로 지속적인 접근을 통하여 밝혀지지 않았던 또 다른 사건을 밝혀 내는 일이다. 즉 지속적인 사유를 통하여 만들어진 탁월한 개념 혹은 콘텐츠 탄생의 이면에는 누군가의 상상 속에서 그 개념 속에 함유된 최초의 원형에 대한 탐구를 위해서 한 땀 한 땀 직간접적인 경험을 축적한 양에 따라 표현된 최종결과물의 모습이 달라지며 그 개념 혹은 콘텐츠를 경험하는 타인에게 공감을 얻는 마음의 박수갈채의 힘이 달라진다.

우수한 기획을 한다는 것은 자신 안에 언제나 존재하는 본질의 샘으로 가까이 가면 갈수록 맑은 상상의 물과 만나며 동시에 순수한 창조적인 형상을 얻을 수 있다. 샘은 깊이 파고 들어갈 수록 맑고 깨끗한 물이 쏟아져 나오는 것이 당연하다. 그래서 물은 흐르는 것이 지극히 당연하듯이 우리들이 사색하는 것 역시 물처럼 끊임없이 흘러야만이 언제나 신선한 상상의 형상이 떠오르는 것이다. 그러한 자연스러운 흐름을 멈추면 그 상상을 통한 형상의 품질은 떨어질 수밖에 없는 것이다. 우리들 사색의 흐름을 방해하는 핵심적인 요인은 잘못된 배움을 통하여 옮겨진 의식 속의 강한 독인 고정관념에 의식이 오염되어 어쩌다 떠오른 신선한 아이디어는 즉시 내면 속에서 증발한다. 가끔은 우연히 탁월한 생각이 떠올라 그 생각을 통한 외부의 발표가 한번의 우연한 대중의 박수를 받는 일이 생기지만 그러한 성취는 연속적이지 않는 한 그 성취는 큰 의미는 없다. 왜냐하면 세계는 계속 진화하는 속성이 있기 때문에 그러한 변화와 함께 결과물의 확장성을 유지하지 못하면 이전의 성취는 자신의 앞을 가로막는 장애물이 될 확률이 높기 때문이다.

우리는 성공한다는 단어의 개념을 다시 한번 생각해 볼 필요가 있다. 진정한 성공은 타인에게 겉모습만을 화려하게 보여지는 것을 목적으로 하여 부와 명예에만 집착하는 데에만 관심을 두는 것은 사실 성공이라고 말하기는 어렵다. 즉 이러한 성공은 우연성을 띠고 동시에 1회성을 가진 유한한 것이며 단지 순간적인 쾌감만을 얻은 작은 사건일 뿐이다. 그래서 진정한 성공은 육체와 정신에만 느끼는 쾌감을 초월한 새로운 콘텐츠를 창조한다는 그 자체에서 무한한 행복감을 느끼는 가운데 박수와 명예 그리고 부귀가 그저 흘러가는 이 상태가 성공이다.

창조적 기획력은 우리들에게 완전한 성공을 약속한 보험증서와 같은 것이지만 그러한 성공을 하기 위해서는 우리들 내면 깊숙한 곳에서 지속적으로 우리들의 잘못된 습관이 만들어 낸 독인 부정적이고 제한적인 사고를 극복하는 가운데 주어지는 특권이다. 그렇게 극복된 힘이 긍정적인 에너지와 연결되어 완전한 성공을 할 수 있다.

탁월한 기획력을 가진 사람이 되기 위해서는 자신 안의 내면 속에 왜곡된 관념을 지속적으로 교정하고 자신이 하고자 하는 일에 대한 목표 그 자체의 본질을 순수하게 보려는 시도를 끊임없이 하는 사람들이 탁월한 아이디어를 얻을 확률이 높다.

세상에서 벌어지는 모든 일은 그 원형이 반드시 존재하며 그 원형이 변신하여 생긴 형상과 함께 일어난 것이 자명하다. 그러한 원형에 최대한 접근을 하면 할수록 지금까지 볼 수 없었던 창조적인 이미지들이 자신의 의식 위로 떠오르는 직접적인 원인이 된다. 즉 우리가 보고자 하는 사물 혹은 현상에 대한 진짜 모습은 고정되어 있는 것이 아니라 항상 변화하는 것이 진실이며 그 실체를 본다는 것의 참 의미는 변화의 동적인 모습을 보고자 하는 것임을 분명하게 이해하는 것이다. 이것이 올바르게 세계를 보기 위한 첫 번째 시도이다. 그러한 생각과 함께 외부의 세계가 우리에게 전달하는 지식정보들에 대한 참과 거짓을 분별하는 눈은 우리 스스로 연마하여야 할 자신만의 과제이다.

즉 정형화된 눈을 통합적인 눈으로 세계를 바라보기 위한 진정한 시력을 회복하는 가운데 추상적으로 보여지는 사물에 대한 관찰능력의 확장으로 창조적인 기획능력이 생길 수밖에 없지만 이러한 능력은 단시간에 생기지 않기 때문에 지속적인 훈련을 통해서 조금씩 축적되는 가운데 생겨나는 능력이다. 사실 창조성을 가지고자 한다면 많은 시간과 인내심이 요구되는 당분간의 힘겨운 작업이 필요하기는 하지만 그 작업의 끝은 완전한 성공이라는 열매가 반드시 열리고 더불어 자신이 원하는 방향으로 인생을 항해해 나가는 진정한 즐거움을 느낄 것이다.

조각난 정보의 융합

정보의 최초 탄생은 개인의 특정한 경험과 보편적인 이해가 융합되어 지식이라는 이름으로 거듭나는 것이다. 정보의 최초는 소박하고 유치할 수도 있지만 그것이 특별한 눈을 가진 누군가에 의해서 세밀하고 깊은 통찰력을 동반하여 특정개념으로 연결되며 이러한 개념이 다양한 주제들과 융합되어 새로운 과목으로 성장을 한다. 우리가 배우고 있는 모든 과목들이 처음의 탄생은 사소한 경험으로부터 그 동기가 시작되었으며 그러한 동기를 지속하는 가운데 우리들의 삶에 직접적으로 불편함을 주는 특정한 분야에 집중적으로 천착하는 과정에서 모여진 관련 지식정보와 융합된 생각들은 새로운 개념을 탄생시키기 위한 연속성을 띤 집합체가 되었다. 이러한 집합체는 항상 연속성을 가진다. 예를 들어 과학분야를 보자면 그 과목 탄생의 최초는 빈번하게 벌어지는 우리들의 삶 속에서 발생되는 사건의 큰 원인인 자연과 인간이 공존을 하는 가운데 생기는 불편함과 두려움에 대한 극복을 목적으로 한 심층적인 호기심에서 출발을 했다. 그러한 호기심은 다양한 의견과 함께 반복적으로 틀림과 맞음 같은 관찰의 시행착오를 겪어 가며 매일 발생하는 자연이 벌리는 사건을 실증한 인간과 자연 사이의 가장 오래된 사건 기록을 체계적이고 심도 깊게 기록한 과목이다.

정보라고 불리는 것의 정체는 우리들이 삶을 살아가는 동안에 생존하기 위한 유리한 지역으로 시간 그리고 공간과 함께 연속적으로 이동을 하는 동안에 크고 작은 사건과 필수적으로 직면할 수밖에 없는데 그렇게 만난 사건들 속의 내용에 기록된 보이지 않는 정보가 최초에 존재할 수밖에 없는데 그렇게 깊이 감추어진 정보는 탁월한 사람들의 특별하고 깊은 관찰을 통해서 그 정체를 확연히 드러나게 하여 새로운 지식으로 포장되어 우리 눈에 보여지는 속성이 있다.

즉 우리는 태초부터 지금까지 살아가고 있는 원동력은 보편적으로 지각하는 시간과 공간 사이에서 활동하고 있는 가운데 우리들이 매일 겪고 있는 다양한 현상에 대한 직간접적 경험의 기록을 서로 연합하고 도구화하여 본능적으로 두렵거나 힘겨운 일들에 대한 합법적인 회피를 통해서 삶을 연장할 수 있었던 것이다. 그 도구는 과거에 비해서 비약적인 발전을 하여 자신이 살고 있는 나라는 물론이고 세계 각 지역에서 벌어지는 크고 작은 사건들을 실시간으로 간접경험할 수 있는 기회를 무한정으로 가지게 되었으며 더불어 이질적인 문화를 가진 사람과의 직간접적인 만남과 대화를 통해서 새로운 문화를 경험하며 서로 자연스러운 공감과 함께 인식의 확장을 연습할 수 있는 기회에 더욱 많이 노출되고 있다.

즉 첨단 기술 발달을 통해서 우리는 다양한 소통 도구를 가질 수 있게 되었지만 탁월한 지식 개념을 만들 수 있는 능력은 스스로 계발해야 하는 숙제이다.

새로운 지식과 개념창조의 기본적인 재료는 또 다른 지식정보이다. 그러한 지식정보는 단독으로 이용해서는 별다른 효과가 없고 다양한 분야의 광범위한 지식정보와의 융합을 통해서 새로운 지식으로 다시 태어난다. 현대인은 디지털 기술의 발달로 인해서 개인컴퓨터를 이용해서 세계 곳곳의 필요한 정보들을 무한정 얻을 수가 있는 시대에 살고 있다. 그래서 우리는 이러한 환경을 적극 활용하여 흩어진 정보들을 내가 가장 호기심을 일으키는 분야에 대한 정보의 집합을 지속적으로 확장하고 뭉치는 작업을 지속해야 한다. 그러기 위해서는 활발한 내면 운동이 필요하다. 이러한 운동을 활성화하기 위해서는 깊은 사고력을 필수적으로 포함해야 하고 그러한 사고작업을 위한 재료는 이제 무궁무진하게 많다.

그래서 새로운 지식정보의 창조를 위해서는 최대량의 이미 발표된 지식정보가 필요한데 이러한 지식자료는 융합적 사유를 통해 우리 내면에 모아 또 다른 창조적 지식의 탄생을 위해서 지속적으로 내면 안의 분야별 카테고리에 연결을 지속해야만 한다.

융합을 통해서 흩어진 지식정보가 내면의 순수한 에너지와 함께 스스로 뭉쳐지는 가운데 창조성이 발현하게 된다. 즉 창조는 지식정보들을 가지고 지속적인 해체와 결합을 해 나가는 내면의 반복 작업의 확장이다. 지금 우리들에게 필요한 능력은 정보를 바라보는 관점을 새롭게 확립하는 작업이 항상 필요하며 그 과정을 통해서 지속적으로 흩어진 지식정보에 대한 결합과 분해를 하는 자동 조립 능력이 생기며 그 힘이 지식정보를 융통합하여 새로운 지식 개념을 꾸준하게 세계에 발표할 수 있게 하는 것이다.

빅데이터 사전 활용

우리가 지금 보고 느끼고 있는 현상들 즉 세계 속에 다양한 모습으로 존재하는 문화의 표현들, 예를 들어 예술작품, 과학적인 개념, 같은 진보된 기술문화의 개념들 속에는 깊은 사유를 통한 최종 아이디어를 다양한 기호를 이용해서 획기적인 콘텐츠로 승화시킨 결과물들이며 그렇게 생산된 정보들을 가지고 또 다시 창조적인 생각과 함께 기호를 활용하여 새로운 개념을 지속적으로 생산해 내는 작업의 반복확장으로 우리는 수많은 지적 자산을 쌓아 놓았다. 이렇게 창작된 지적자산들의 최초는 누군가의 사고 작용에 의해서 만들어진 표현들이다.

무엇인가를 창조하기 위한 의지와 행동을 유발시키는 힘은 언제나 존재하는 자연발생적인 현상 속에서 우리들에게 호기심의 자극을 가한 현상에 대해서 특수한 내면 운동이 시작되는 그 순간 느끼는 특수한 내적 반응 그 자체이다. 이러한 내적특수반응은 자동적으로 반응하도록 모든 인간에게 설계되어 있다. 왜냐하면 우리는 주위 환경에 의해서 자극을 받으면 사태발생에 대한 두려움과 공포를 극복하기 위해서 1차방어를 위한 호기심을 가지고 사태를 관찰하며 동시에 이성적인 분석을 통해서 확실한 안전성을 확보하여 신체와 정신의 편안함을 느끼고자 하는데 그 이유는 우리는 다음 행동을 위해서는 내면의 불편한 감정 해소를 기본으로 하기 때문이다. 더하여 긍정적이든 부정적이든 환경이 우리에게 주는 특수한 자극을 받았을 때 그러한 현상을 이해하고 극복하려는 과정에서 우리는 수없이 많은 궁리를 하게 되는데 그러한 궁리 속에서 필요한 도구가 만들어지며 그 도구의 생산 이면에는 다양한 개념들과 연합되어 있다. 그러한 개념들은 더 발전된 도구를 만들어 내기 위해서 계속 우리들의 내면에 자극을 준다. 그 과정의 연속이 우리들의 삶을 지속시킬 수 있는 힘인 창조적인 아이디어들을 우리들 내면에서 생산하게 한다.

이러한 인간만이 가지고 있는 특별한 능력으로 현대에는 빅데이터라는 새로운 신종 도구의 개념을 만들어 내는 데까지 이르렀다. 그러한 훌륭한 도구는 우리들의 지성력을 확장하는 데 더할 나위 없이 편리한 도구이며 세상에서 가장 크고 영리한 사전으로 활용하여 더 크고 위대한 인류의 문명을 건설하는 데 이용될 필요성이 있는 기계이다. 그것은 단지 도구일 뿐이다. 우리는 그 도구를 적극 활용하여 또 다른 창조적인 사색을 했을 때 그 도구는 빛을 발할 것이다. 인류가 만들어 낸 최고의 도구로서 말이다.

우리가 창조적인 아이디어를 발현한다는 것은 단편적인 앎을 가지고는 획기적인 개념 혹은 콘텐츠를 생산해 낼 수 없으며 그것은 다양한 과거의 기록들과의 융합을 통해서 진정 새로운 아이디어가 생겨난다. 이러한 축적 때문에 현재 우리들의 문명이 만들어졌다.

개념이라는 단어 속에는 특별한 뜻이 있는 것은 아니다. 즉 개념은 축적을 위한 것이다. 다만 그것은 아름다운 조각, 건축물 그리고 고도의 기술을 창조하기 위한 상상을 자극하는 근본적인 힘의 원천이 되는 것이다. 이러한 개념의 작은 단위가 콘텐츠가 되고 그 콘텐츠의 축적이 지속적으로 연결되어 우리가 지금 향유하고 있는 문명이 된 것이다. 그러한 문명은 거리에서 지하에서 하늘에서 표현되고 있고 그 도구는 지속적으로 발전할 것이다. 이 모든 도구들은 누군가의 창조적인 생각이 만들어 낸 결과물들이다.

그러한 생각의 최초는 어디에서 출발했을까? 이러한 단순한 물음에 대한 소리는 우리들의 감각기관에서만 자극된 것은 아닐 것이다. 우리들의 감각기관은 외부에서 주는 현상에 대한 자극을 온몸 구석구석까지 전달하는 도구이다. 사실 감각기관에 입력된 모든 정보는 현상을 이해하기 위한 종합적인 의지만을 제공할 뿐이기 때문이다. 인간이 사고를 하고 지성적인 역량을 발휘하는 핵심 기관 중에 하나가 두뇌이기는 하지만 그것만이 전부는 아니다. 왜냐하면 우리들이 존재한 최초는 그저 공간이었을 뿐이기 때문이다. 우주의 별도 태양도 그리고 수많은 행성들 역시 그 탄생의 처음은 공간에서부터 출발하여 공간이 지속적으로 확장되는 가운데 크고 작은 별들이라는 이름을 가진 행성들의 충돌사건의 크기가 무한대로 진행되고 있기 때문이다. 즉 우리들 역시 하나의 공간일 뿐이며 그 공간 안에서 자연스럽게 발생한 입자가 합쳐 지금 우리들의 모습을 만들었으며 그 모습은 행성의 생성을 위한 공간 운동을 하는 것과 흡사하다.

따라서 우리가 창조적인 사고를 한다는 것은 그 내면 속의 깊은 심층부로 여행한다는 의미이며 그러한 여행 도중에 다른 모습을 한 생각들이 계속 생성되는 것이다. 이 같은 현상은 물질적인 기능을 초월한 비물질적인 기능으로 자신을 연결하기 위한 내면 속의 특별한 운동의 힘에 의해서 그러한 기능이 작동하게 한다. 마치 우주의 행성이 공간 안에 무한하게 존재하는 에너지의 힘으로 거대한 행성들을 만들어 낸 것처럼 말이다.

공간은 '무(無)'가 아니라 엄연히 우리들의 삶에 지속적인 영향을 주는 그러한 대상이며 우리는 무한히 펼쳐진 그 공간이 널리 퍼져 나가는 동안에 발생하는 에너지가 우리들의 삶에 영향을 준다는 사실에는 관심을 기울이지 않아 보고도 느끼지 못할 뿐이다. 우리들 육체와 같이 물질로 구성된 신체 기관만으로는 도저히 지금의 문명을 만들어 낼 수가 없다. 탁월한 생각을 했던 사람들은 공간이 우리들을 지탱해 주는 근본 힘이라는 것을 충분히 이해하고 있었기 때문에 그러한 창조적인 발상을 지속적으로 해낼 수 있는 강한 힘을 가질 수 있었다. 우리들의 지성 능력은 비물질의 세계인 내면과 물질의 세계에서 이미 밝혀 낸 지식정보와 연합하였을 때 탁월한 사고 능력을 발휘할 수 있다.

현재 우리들은 고도의 기술력 발달의 정점을 향하여 달려가고 있다. 우수한 사고력을 지닌 다양한 분야의 사람들이 가진 상상력은 인간의 두뇌를 모방한 기계를 개발 하려는 시도를 멈추지 않아 지금의 단계에까지 왔고 그 결과들이 우리의 삶에서 다양하게 나타나고 있다. 빅데이터는 탁월한 누군가가 인간이 사고하는 과정 또는 방법에 대해서 깊이 천착하여 디지털 기술과 융합하여 인간과 같은 사고력을 지닌 새로운 종류의 인류를 탄생시키려는 시도를 통한 결과이다. 그러한 새로운 인류의 탄생을 위해서 연구하는 사람들은 인간의 두뇌를 단순히 물질 그 자체만으로만 바라보고 새로운 종족을 탄생시키기 위한 연구를 하는 것 같다. 그러한 사고방식으로 탄생한 빅데이터 기술은 우리들의 삶에 깊은 영향을 미칠 것이 틀림이 없지만 그 기술이 절대적인 것이 아님을 우리는 이해해야 한다. 왜냐하면 빅데이터 혹은 인공지능 속에는 인간처럼 순수한 내면이 없으며 무한한 공간과 연결할 수 있는 능력이 없기 때문이다. 이 도구는 인류가 이미 만들어 낸 지적자산들을 집대성한 자료들을 우리가 참고하기 편리하게 이용할 수 있도록 모아 놓은 사전일 뿐이다. 즉 우리들이 참고할 수 있는 활용범위를 무한대까지 가능하게 한 도구일 뿐이다. 이 사전이 알려 주는 지식정보들은 다음의 지식정보들을 생산하기 위한 획기적인 참고자료들을 신속하게 알려 줄 뿐이라는 이야기이다. 이 도구 속에는 수많은 지식정보들이 무한대로 입력되고 그 개념을 스스로 학습이 가능하게 만들었다는 자체는 인간이 만들어 낸 최고 기술이지만 그렇다고 하더라도 빅데이터는 우리들이 새로운 창조적인 상상을 하기 위한 도구 중의 하나일 뿐이다.

결국은 우리는 항상 새로운 현상에 노출되어 있고 그 현상에 대한 지속적인 호기심을 가지고 그 정체를 파악해야 하는 일은 순전히 우리들 몫이다. 그러한 호기심과 함께 사건의 실체를 이해하기 위한 상상과 추론 그리고 이미 만들어진 개념들의 지속적인 조합은 우리가 해야 할 본래 임무임은 변하지 않는 진실이다. 또한 그러한 호기심을 동반하여 만들어진 개념들은 한시적인 생명력을 가지고 있으며 또다시 새로운 지식정보를 탄생시켜야 하는 의무의 실천이 우리의 삶을 연장시킨다.

구 개념을 신 개념으로 지속적인 전환을 시도해야 하는 이유는 우리 주위에서 발생하는 모든 현상들이 늘 일정한 것이 아니라 항상 변화하기 때문에 우리는 지속적으로 개념의 갱신을 필요로 하는 이유이다. 빅데이터 기술 속에는 과거 우리들이 어떻게 변화무쌍한 현상들에 대해서 대처했는지에 대한 정보들을 모두 가지고 있고 그 개념의 해석에 대한 자체적 학습을 통해서 알려 주는 기능까지 있는 인류 최고의 사전이다. 이 사전을 제작하기 위한 최초의 참고자료는 인간의 두뇌이다. 빅데이터 사전의 사용은 여기 까지이다.

우리는 비물질적인 기능인 내면과 같이 하는 존재들이다. 사실 창조적인 개념을 만들어 내는 주력에너지는 지식정보와 함께 내면 속의 상상력과 추상 능력을 발생시키는 잠재된 에너지의 운동이 핵심이다. 이러한 운동을 통해 우리가 무(無)에서 유(有)를 창조해 내는 절대적인 힘은 오직 인간에게만 있다. 빅데이터는 인간만이 가지고 있는 내면 운동에 대해서 이해를 하지 못하기 때문에 진정한 창조아이디어를 생산해 내는 기능은 없다. 빅데이터 혹은 인공지능의 운용은 수학적 기호를 이용하여 인간의 사고의 표현을 모방했을 뿐이다. 그래서 우리는 빅데이터 속의 방대한 자료를 도구 삼아 우리들의 창조적인 성과를 지속적으로 생산해 내는 의무에 충실해야 한다. 우리들의 안락한 삶을 위해서 말이다.

결말 - 에필로그

지금까지 융통합적 사고의 필요성과 우리의 삶에서 벌어지는 다양한 형태로 발생하는 외부의 현상에서 벌어지는 다양한 사건들을 우리가 어떻게 직면하고 그 대응을 위해서 우리는 어떠한 생각을 해야 하는지에 대해서 많은 이야기를 나누었고 동시에 자신의 성과를 극대화 시키는 방법에 대해서도 이야기했다.

융통합적 사고를 한다는 것은 우리들이 어떠한 일을 수행하든지 우리 내면에서 지속적으로 일어나는 사고운동에 대한 집중적인 관심과 함께 새로운 형태의 창조성을 함유한 성과와 연결하기 위해서는 경계 없는 지적 재료를 이용해야 한다.

즉 발생한 일에 대한 근본적 작용에 대한 최초 원인과 그 원형에 대해서 지적 재료와 함께 깊은 천착이 없이는 발생한 일에 대한 근본적인 모습을 볼 수 없으며 동시에 획기적인 아이디어를 내면에서 만들어 낼 수가 없다.

융통합적인 사고를 한다는 것은 발생하는 일에 대한 원형을 이해하기 위한 탐험을 해 나가는 내면의 여행이다. 융통합을 통한 창조적 사고는 단순하게 일에 대한 겉모양을 바꾸는 그러한 작업이 아니다. 즉 내면의 에너지를 적극 활용한 깊은 사유를 통해서 기존 현상에 대한 사고의 방향을 전환하는 이른바 사고의 승화 작업을 통해서 새로운 형태의 지식정보를 지속적으로 생산해 내는 일이다.

융통합적인 사고력을 지속적으로 확장시킨다는 것은 위대한 성공을 위한 최상의 사고 엔진을 우리의 내면의 친구로 영입시키기 위한 중요한 일이다. 성공적인 인생을 산다는 것은 물질적으로 풍요롭고 사회에서 명예를 얻는 것도 성공이라고 말할 수 있겠지만 진정한 성공은 우리 안에 창조성을 확장하고 획기적인 지식정보들을 생산해 나가는 과정 그 자체가 진정한 성공이고 행복한 인생을 살아가는 것이다. 왜냐하면 창조는 우리들의 본능이고 우리 내면의 창조 본능을 충족시켜 진정한 나를 지탱시키는 최고의 일이기 때문이다. 이러한 작업을 수행함으로써 우리들의 삶에 무한한 활기를 주기 때문이다.

즉 무엇인가를 새롭게 만들어 내는 작업은 우리들의 창조 본능을 자극시키는 가장 인간다운 고급 종합예술작업이며 이러한 행위를 통해서 진정한 삶의 의미를 느끼는 것만큼 값있는 삶은 없다. 우리가 삶을 살아가는 근본 목적은 우리들이 가진 종합적인 욕망의 분출을 위한 것이며 진정한 욕망의 분출은 내면의 힘과 함께하여 창조성을 외부에 표현하는 일은 일반적인 감각적인 쾌락을 통한 즐거움과는 비교할 바가 못 된다. 즉 우리가 본래 가진 욕망을 종합적 예술 행위로 승화하기 위한 최초단계인 창조적인 에너지를 외부를 향하여 발산하는 과정에서 우리들의 내면은 자신만이 유일하게 가 볼 수 있는 내면세계를 여행하는 일이다. 그 여행의 기행문을 세계에 표현하고 동시에 공감하는 수많은 타인들을 친구로 만들 수 있는 흥미로운 일이기도 하다. 그러한 친구들과 서로 상호협조하여 더 넓은 세계로 여행을 할 수 있는 자연스러운 힘을 갖게 된다. 이러한 작업의 지속성은 우리들 삶을 행복감으로 충만한 삶을 살게 한다.

사실 융통합적인 사고를 한다는 것은 우리들이 본래 부여받은 삶의 의무를 충실히 이행한다는 이야기이기도 하다. 이러한 과정의 실천 속에서 융통합적인 사고를 통한 본래 가지고 있는 창조력을 지속적인 내면의 자극을 통해 자신의 일에서 획기적인 성과를 이루어 낼 수 있는 완전한 성공인이 될 수 있는 것이다. 이것은 성공적인 인생을 살 수 있는 가장 확실한 방법이다.

창조는 그렇게 거창하거나 특별한 것이 아니다. 자신이 가장 잘할 수 있는 분야를 선택하여 그것이 사업이든, 글이든, 그림이든 무엇이든 자신이 진정으로 좋아하고 사랑할 수 있는 일이라면 무엇이든 좋다. 막연히 생계를 위해서 원치 않는 직업을 선택하여 일을 한다는 것이 나쁘다고 볼 수는 없지만 스스로는 행복한 삶을 누릴 수 없는 현실을 자기 자신이 만들었다는 사실 역시 알아야 한다. 왜냐하면 우리들은 1차적인 삶의 목적인 의, 식, 주만 해결하면 되는 그런 간단한 존재가 아니기 때문이다.

가장 좋은 것은 자신이 하고 있는 일을 좋아하는 것, 그 일에서 남들이 생각하지 못한 일의 다른 모습을 보고 스스로 내면 안에서 그 모습을 다시 그림을 그리고 밖으로 표현해 보는 작업을 통해서 자신의 일에서 괄목할 만한 성과와 동시에 삶의 만족감을 얻게되는 그 상태이다. 융통합을 한다는 것은 막연히 겉모양만을 합치거나 복제하는 일이 아니라 내면적인 힘의 끝으로 달려가는 것을 멈추지 않는 사고 작업이고 동시에 자신 안에 스스로 만들어 낸 고정관념과 끝없는 투쟁을 하는 일이다. 그 투쟁의 과정에서 우리는 스스로에게 진정한 칭찬을 할 만한 성과를 이루어 내는 기쁜 날이 지속될 것이다.

융합 인재가 세상을 이끈다

ⓒ 이화섭, 2020

초판 1쇄 발행 2020년 7월 31일

지은이   이화섭
펴낸이   이기봉
편집   좋은땅 편집팀
펴낸곳   도서출판 좋은땅
주소   서울 마포구 성지길 25 보광빌딩 2층
전화   02)374-8616~7
팩스   02)374-8614
이메일   gworldbook@naver.com
홈페이지   www.g-world.co.kr

ISBN   979-11-6536-626-1 (03300)

이 도서의 국립중앙도서관 출판예정도서목록(CIP)은 서지정보유통지원시스템 홈페이지(http://seoji.nl.go.kr)와 국가
자료공동목록시스템(http://www.nl.go.kr/kolisnet)에서 이용하실 수 있습니다. (CIP제어번호: CIP2020029341)